北京京企中轴线保护公益基金会资助

中轴线史脉系列丛书

先农坛往事

董绍鹏 李莹 温思琦 陈媛鸣 ◎ 著

学苑出版社

图书在版编目（CIP）数据

先农坛往事 / 董绍鹏等著 . —北京：学苑出版社，2023.5
ISBN 978-7-5077-6640-0

Ⅰ.①先… Ⅱ.①董… Ⅲ.①祭祀遗址—史料—西城区—明代 Ⅳ.① K878.6

中国国家版本馆 CIP 数据核字（2023）第 062815 号

出 版 人：洪文雄
责任编辑：魏　桦　周　鼎
出版发行：学苑出版社
社　　址：北京市丰台区南方庄 2 号院 1 号楼
邮政编码：100079
网　　址：www.book001.com
电子信箱：xueyuanpress@163.com
联系电话：010-67601101（营销部）、010-67603091（总编室）
印　刷　厂：英格拉姆印刷(固安)有限公司
开本尺寸：710×1000　1/16
印　　张：8
字　　数：93 千字
版　　次：2023 年 5 月第 1 版
印　　次：2023 年 5 月第 1 次印刷
定　　价：68.00 元

《中轴线史脉系列丛书》编委会

主　任：陈名杰
副主任：范　宝
成　员：薛　俭　王晓红　张　璟

前　言

北京先农坛，已经建成六百余年多了。

就像老北京其他历史文化景点一样，先农坛六百年的风风雨雨历程，有着很多富有历史内涵的往事，既可以作为历史研究的资料，也是日后人们茶余饭后的谈资。

近年来，伴随北京城中轴线申遗的热潮，先农坛作为申遗重点历史文化内涵景区为人们所关注。文物部门也与时俱进，筹划着先农古坛区面向未来的多种功能内涵的新局面。文旅结合，就是未来先农坛多种功能内涵的一部分。

似乎我们有先见之明，三年前就打算把北京先农坛历史上的各种典故写个小册子，等待机会出版面世。恰好，2022年各种原因的组合促成推出这个小册子的机会，于是就顺水推舟开始了撰写。这也是献给先农坛未来文旅结合功能的一份小礼物。

其实，先农坛的往事尚未穷尽，有待后续慢慢挖掘。

董绍鹏

2023年3月

目 录

一、先农坛观耕台上的莲花纹 / 001

二、乾隆皇帝在先农坛的别出心裁 / 004

三、老天桥的历史就是先农坛近代衰落的见证 / 009

四、张恨水先生、《啼笑因缘》与先农坛 / 014

五、一次失败的亲耕 / 023

六、先农坛神仓的二三事 / 026

七、城南公园建设的旧事 / 030

八、太岁殿的尴尬 / 033

九、天神坛的那些往事 / 037

十、昔日的五陵年少闻香逐臭之地 / 041

十一、先农坛的祭祀礼器 / 043

十二、从先农坛神厨的素面削割瓦说起 / 048

十三、中国古建的活化石 / 051

十四、太岁殿原来是万神殿 / 055

十五、庆成宫憾事 / 059

十六、北京最悠久的现代体育场 / 061

十七、先农坛的鹿 / 064

十八、名人与北京先农坛 / 067

十九、原来这里也叫地坛 / 075

二十、山川井的讹传 / 078

二十一、"刘罗锅"也来过先农坛 / 080

二十二、恭亲王奕䜣的祈雨 / 083

二十三、先农坛古树的沧桑 / 086

二十四、说说城南公园 / 088

二十五、地祇坛的尴尬 / 091

二十六、先农坛内排座次 / 096

二十七、太岁殿在民国的新用途 / 100

二十八、历史上的最后一位京兆尹在先农坛 / 102

二十九、明代天子祭祀先农坛的趣事 / 105

三十、先农坛的军神 / 109

三十一、先农坛内的红色印记 / 115

三十二、为什么先农坛内坛四个坛门都不是对齐的呢？ / 117

一、先农坛观耕台上的莲花纹

陈媛鸣

观耕台位于先农坛内坛东南，坐落于具服殿的正南方是清乾隆帝改建后的用于亲耕推返后观看王公大臣以及顺天府尹带领大兴县、宛平县令及耆老农夫终亩的专用看台。清代时皇帝在观耕台观耕，可是明代皇帝在嘉靖帝之前却没有享受过如此的高级待遇。

曾经在先农坛具服殿的正前方建有一座仪门，在永乐帝仿照南京坛庙建成北京山川坛后的100多年里，明代皇帝都是坐在仪门内放置在地面的宝座上观耕的。如此观耕，与臣民平起平坐，不能体现出作为皇帝的地位和威严，为此有大臣非常心领神会地及时提出：恢复古礼，在此处添建一座观耕台。嘉靖帝自然是采纳了，决定以后每年举办耕耤典礼前用木材临时搭建观耕台。清乾隆十九年（1754），乾隆帝考虑到每年临时搭建观耕台耗费银两，于是下旨拆除了仪门，将观耕台改为上为汉白玉石栏板、下为琉璃台座的形式，以为永久之用。自此，清代观耕台最终定型，也就有了今天我们所看到观耕台的样子。

观耕台台面四周环绕汉白玉石栏板，龙云纹望柱头，台面由金砖软磨铺设而成。须弥座四面砌黄绿琉璃砖，北面最中间位置由三组雕刻组成：核心位置为绿色椀花结带纹围绕着黄色如意宝珠，两

侧为盛开的黄色琉璃花朵和花蕾。其上下为黄琉璃砖。上为绿色莲瓣卷草纹图案，上下对称雕刻黄色行龙，龙身缠绿色藻草叶图案。踏步两帮下象眼的黄琉璃砖上刻有绿色卷草绶带纹图案。观耕台东、西、南三面各出九级台阶，每一层汉白玉条石台阶踏步的正面和台四周汉白玉地栿上都雕刻着莲花纹图案，显示出这座建筑的富丽华美。

莲花作为佛门八宝之一，本就被赋予着超凡脱俗、清净无染的意境，随着魏晋南北朝时期佛教在中国的传播，源自古印度佛教的莲花造型与中国本土莲荷花造型相结合，莲花在中国人心中的地位逐渐升高，莲花在佛教装饰艺术中得到越来越广泛的应用。文人士大夫因莲花"出淤泥而不染"，更把它作为人格写照，将自身清高的精神寄托其上。随着时间的推移，莲花纹饰慢慢走出佛门寺院的范围，逐渐走进更多的寻常百姓家。不论是砖雕图案，还是织绣纹饰，"莲"元素渗透到生活的各个角落，人们取谐音的口彩，将希望生活富足的"连年有余"、许愿仕途顺利的"连升三级"、体现个人品质的"一品清廉"等等越来越多美好的寓意都和莲花结合在了一起。清代，莲花纹饰的运用已经彻底世俗化，脱离了纯粹的佛教氛围，从宗教建筑到日常用器都会使用到莲花纹饰。康熙皇帝和乾隆皇帝对佛教和莲花的青睐，更推动了莲纹的使用。宫廷建筑、皇家园林、皇家坛庙的各种建筑上大量使用莲花纹装饰，甚至更有佛教韵味的西番莲纹和宝相花纹也是随处可见。莲花神圣、高雅的意境十分符合坛庙祭祀场所庄重、肃穆的氛围，其众多吉祥含义也是被用于观耕台装饰的原因之一，这其中寄托着皇帝对于小到耤田丰收，大到国泰民安、风调雨顺、五谷丰登的美好期望。因此，一直蕴含佛教文化元素的莲花纹饰出现在观耕台这一祭祀先农之神的功能性建筑上，也就不足为奇了。

北京先农坛观耕台是中国古建筑形制里一处特别的存在，随着20世纪50年代北京先蚕坛观桑台的拆除，更成为这类建筑的孤例，更显示出了它的珍贵程度，也成为先农坛内一处标志性建筑。

二、乾隆皇帝在先农坛的别出心裁

董绍鹏

乾隆帝（爱新觉罗·弘历，1711—1799），作为清代入关后的第四任统治者，主政后，根据当时全国政治恩定、民生富裕、百业兴旺的所谓盛世环境，在秉行前代康、雍二帝宣扬重农从本、增殖人丁、促进社会各个阶层各食其力、各得其所的休养生息国策的同时，面对开国百余年来社会政治沿袭明制体现出的问题，进行了下到建筑规制、上到祭祀礼乐的富有一定针对性的调整。这些调整对其后直至清亡的封建国家先农之祀有着重要的影响。可以说，乾隆帝时期是清代国家典章制度发展的分水岭。

为了体现自己营造大同理想的努力，乾隆帝对神活动身体力行，时刻保持着高度的责任感和关注度。对于先农坛先农之祀，乾隆帝的举动可说是在有清一代达到登峰造极，既有与之前相同的一些考虑，更有针对性的一些制度上的补充和调整，甚至是别出心裁的改动。

比如：

雍正帝在位时，为了确保亲耕享先农的议程顺利进行，体现自己虔诚、恭敬对待先农之神，雍正帝首开了演耕的做法。所谓演耕，就是皇帝找一个地方，按照三推亲耕的全套规制来亲自演练，不

二、乾隆皇帝在先农坛的别出心裁

仅提前体验操作程序，也是为了找准活动的感觉，以稳定亲耕当天的心绪。雍正帝作为一位务实的皇帝，把演耕的针对性制定得明明白白。

乾隆帝继位后，按照遵从皇考定制不做更改的习俗，把这一规矩沿袭下来，但由于不是政府发布的典章定制，只是个人的特色性做法，因此并不是凡逢亲耕之前都要"演耕"，就是说，有兴致时"玩一次票"而已。乾隆帝把对演耕的重要性与自娱自乐的把玩感结合，既通过演耕向天下宣示自己重农从本的高度认知，也宣示了尊重先皇的孝道，更视为一种另类消遣，可谓多用合一，比后世子孙的演耕，例如嘉庆帝、道光帝、光绪帝做得要轻松享受得多。乾隆帝还发挥有余，除了将西苑丰泽园当作演耕地之外，又将圆明园四十景之一的"山高水长"、西苑的瀛台等处也作为推耕把玩之所，甚至先农坛亲耕结束后，还出现过带着余兴进行演耕的事情。

再如：

明代以来都是皇帝亲祭先农之神时演奏《中和韶乐》，中和韶乐成为皇帝亲行祀神事务的专享音乐。乾隆帝为了凸显自己对先农之神祭祀事宜的高度关注，明确了如不能亲祭时，前去代祭的王公依旧享用中和韶乐：

（乾隆八年）谕：向来先农坛亲祭，始用《中和韶乐》，遣官，则同群祀之例，不用《中和韶乐》。……朕思国之大事在农，先农坛在中祀之列。此次遣亲王恭代，即着照日、月坛之例，用《中和韶乐》。永著为令。

——《清会典事例》卷五二五

这个看来不过参照移用日月坛祭祀之制的变化，实质正如他自己所言"国之大事在农"，小处着眼加强对农神祭祀的重视，也可谓用心良苦。

第三个例子：

更正恤农与奢侈并存的做法，撤除彩棚。

所谓彩棚，是明清皇帝亲耕时，为了免受日照、风雨之苦，在皇帝耕作的耤田中央地块上，临时搭建的用印染彩色图案棉布构成的大棚，大棚南北长十一丈，内里有立柱支撑。皇帝亲耕时，就在彩棚内来回三趟推耕。作为汉代恢复的亲耕之礼，因其政治象征性大于实用性，因此在耤田搭建专给皇帝提供防护性的临时建筑也在情理之中，毕竟天子为九五之尊，不可有丝毫损伤。不过乾隆却认为，专注敬神无可厚非，但皇帝每年亲耕除了敬神，更是借此了解稼穑之艰难，是一个体恤民生的绝好机会，搞这种看似防护性的措施，实质上隔绝了皇帝应该体验的亲耕搭的，而且耗费国库帑银，"设棚悬彩，以芘风雨，义无取焉。吾民凉雨犁而赤日耘，虽袯襫之尚艰，岂炎湿之能避。且片时用而过期彻，所费不啻数百金，是中人数十家之产也"[①]，因此下令自乾隆二十年（1755）始，不作彩棚之设。从此，在体现亲民恤民的亲耕典礼时建造的有违初衷的彩棚，退出了历史舞台。绘于雍正帝时的清代宫廷绘画《雍正帝先农坛亲耕图卷》（现藏于法国吉美博物馆），正是表现了当年彩棚耕耤的盛况。

第四个例子：

子孙天寿超过六十，可以不再亲耕。乾隆帝登基正值青年，又

---

① 《清会典事例》卷三一三。

二、乾隆皇帝在先农坛的别出心裁

是清代乃至有文字记载以来最为长寿的皇帝,实际执政达63年之久。应该说乾隆帝对先农之神的重视达到有清一代的顶峰。不过,随着执政时间的推移,伴随年纪的高企,人不服老也有违天性,乾隆帝虽仍有十全武功之心,但渐无践行之力,因为他毕竟不是一介布衣,正视这一事实,也算是对亲耕享先农的一种务实,于是下令子孙:"凡遇亲耕典礼,若年在六十以内,礼部自应照例具题,年年躬行耕耤之礼"①,反义就是六十岁以后可以不必亲耕。

第五个事例:

对太岁之神的祭祀诸事宜做了局部调整,成为乾隆以后的定制。主要表现在:

(1)采纳礼臣的献言,于乾隆十六年(1751)增定了太岁坛上香之仪,将旧制中春秋两祭正殿、东西庑殿只祭不上香,改为都上香。

(2)乾隆十八年(1753),定太岁坛供奉神牌之礼。原来每逢祭祀太岁前,都要将安奉于先农坛神厨正殿内的太岁神牌请至太岁坛。乾隆帝下旨改为将太岁神牌常奉于太岁坛神龛,永为定制;同年,又采纳礼部奏言,下旨比对天神地祇坛乐章另行撰写太岁坛岁首岁暮祭祀乐词,都用"丰"字,以此凸显太岁坛"祈祷雨泽之义"。

(3)乾隆二十年(1755),改旧制派遣太常寺堂官到太岁坛行礼为派遣亲王、郡王行礼,理由是"以昭诚敬";乾隆二十一年(1756),因前一年已将亲王、郡王派遣到太岁坛正殿祭祀行礼,而东西两庑如果还让旧制中的太常寺官员行礼,就不合官员高低逐级相配的体制,于是改派旧制祭正殿的太常寺堂官分祭东西两庑。

---

① 《清会典事例》卷三一三。

乾隆帝的系列举措，规范了先农坛内各处祭祀活动的礼仪细节，凸显了十全武功老人再造清廷礼制规范的功绩，某种程度上可以类比于明嘉靖帝厘正祀典的举措。

三、老天桥的历史就是先农坛近代衰落的见证

温思琦

提起老北京的天桥，那可真是享誉海内外，无人不知、无人不晓。它不仅承载着老北京人好几辈的记忆，是北京人浓浓的乡愁，同时也是京味儿民俗文化的发祥地。民国时期的《北京指南》就写道："天桥为一完全平民化之娱乐场所，亦即为北平社会之缩影。"好像没了天桥，北京就不能称其为北京了。

"天桥"原来确实是一座桥，清代朱一新所著《京师坊巷志稿》中说："永定门内大街，北接正阳门大街，有桥曰天桥，东南则天坛在焉，西则先农坛在焉。"天桥的确切修建年份现虽已不可考，但是其历史还是可以追溯至元朝的。元至元元年（1264），世祖忽必烈在水利专家郭守敬的建议下，将高粱河水系作为主要水源，引水制渠、开发漕运，并在原金中都东北郊外以积水潭为中心修建元大都。大都城周围水系发达，东西河套纵横，水源充沛、湖泊众多。位于大都南郊的天桥，原本是一片水洼和沼泽，后来逐渐冲积成一条由西向东的河流。这条河是元代妓舫游河的必经之地，河面上修建了一座普通的小木桥，而这座小木桥很可能就是"天桥"最早的雏形。这时期的天桥是京郊的游览胜地，红荷绿柳，风景秀丽，是名副其实的京城小江南，天桥也因其宜人的景色而成为文人雅士们的雅集

之所。元人《天桥词》中就赞美其景色"莫道斜街风物好,来到此处便销魂"。

明成祖朱棣迁都北京,比照南京在北京南郊修建了天坛和先农坛(当时称山川坛),为方便皇帝到天坛、先农坛祭祀,于明永乐十八年(1420),在原有的元代小木桥处修建了一座跨河石桥,两侧还各修建了一座木桥,平日里天桥两端有木栅栏封闭,石桥只有天子通过,百姓从两侧的木桥通过。中间的桥因此被民间称为"天桥"。天桥不仅是皇帝祭祀天坛和先农坛的必经之路,而且也是到南海子巡幸游猎的必经之路。天桥也就顺理成章地成为京城的交通要道。天桥东西两侧形成了穷汉市、日昃市等。而被后世所熟知的老天桥就是这一时期遗传下来的。

清顺治年间开始实行"满汉分居"政策,规定凡汉官及商民人等尽徙南城居住。大量居于内城的汉人搬迁至南城,人口的激增也成为推动天桥地区商业经济发展的因素之一。

"天桥"真正得名是在清雍正七年(1729),为了方便皇帝赴天坛和先农坛祭祀,朝廷将原有路面铺砌成一条条石御路,路铺好后,石桥正式定名为"天桥"。

清乾隆年间(1736—1795),朝廷疏通天桥河道,将天桥改为单孔拱形汉白玉石桥,桥面用花岗岩铺就,两边有汉白玉栏杆,桥下有孔,可行大船,桥身颇高,世人皆道在桥北望不到永定门,在桥南望不到正阳门。朝廷还在天桥以南的天坛、先农坛外面的空地开挖了池塘,四周遍植柳树。因天桥临近两坛,地面广阔,且水面清澈,游乐活动丰富,因此逛天桥的人也就越来越多了。

道光咸丰年间(1821—1861),由于天坛和先农坛坛根地区不征收地租,因此在天坛的西、北坛根与先农坛的东、北坛根逐渐涌现

三、老天桥的历史就是先农坛近代衰落的见证

出一批摊贩,售卖吃食杂货,形成了热闹的小市场。先农坛坛根空旷,因此每日清晨不少梨园子弟也到这里喊嗓子练功,练把式的也来此处练习把式。所有这些因素综合在一起,促进了天桥地区商业及游艺业的发展,天桥也一天天地兴旺起来。各类曲艺演出场所伴随茶肆、酒楼、饭馆、商摊、武术杂技场地蜂拥而起,成为北京人欣赏民间技艺及曲艺艺术的一个集中场地。三教九流、五行八作汇集于此,天桥呈现出一派繁荣景象。这时,天桥也开启了由水乡风景区向市场、游艺场转变的过程。到了光绪年间(1875—1908),京汉铁路在永定门外设立车站,天桥俨然成为北京城往来客商的集散地,客商们的到来更加带动了天桥地区的繁荣。"酒旗戏鼓天桥市,多少游人不忆家"正是对繁华时期天桥的最生动描写。

天桥的繁荣,也见证了紧邻的皇家坛庙——北京先农坛的衰落。

1912年,国民政府实行开放香厂地区计划,把先农坛北首的沟填平后,改砌暗沟。1913年元旦,北京先农坛免费向市民开放十日,为了接待民众游览,管理部门在先农坛北外坛坛墙开了一门,又在太岁门内外道路上铺满碎石并压实,允许车辆从北、东北两个方向直接进入先农坛内坛游览。

1914年6月,内务部和交通部将正阳门月墙拆除,并把环绕着月墙共计60余所各商铺房屋和公私民房收用。这些商民、组织就将拆下来的木料另外添加一些新的,在天桥西侧建立天桥市场七巷,开设商店、茶肆、酒饭馆、镶牙馆、清唱茶社。天桥地区也因天桥市场的建立而更加繁荣。

1915年,先农坛作为皇家坛囿古柏参天,被辟为"先农坛公园"。同年,市政当局对天桥地区进行开发建设,将先农坛北部一带水沟填平,并将先农坛北外坛区的大片土地开辟成道路,并将开辟

的道路按地图经纬线划定街巷名称,分别命名为东经路、西经路、南纬路、北纬路。

1917年,民国内务部与督办京都市政公所(市政府)决定将先农坛北外坛另辟公园,命名"城南公园"。同年,有人集资从先农坛东墙根凿池引水,种植水稻,遍植荷花莲茭,在天桥南侧路西修建了水心亭商场。水心亭是用席木搭的一座楼,四面镶玻璃窗,是个登高远望、观赏天桥美景的制高点。亭内开设娱乐场。四周是满布莲荷的水渠,有三个木桥可通,水面可以通行小船。水心亭的北面和西面开设了许多茶棚。夏天这里就成为文人雅集的场所。继道光、咸丰年间先农坛东坛根与北坛根部分被占据后,官僚地主陈光远将天桥南大街以西、北纬路以北、西市场以东、西市场南街以南的20多亩土地占为己有,用炉灰填平,并以"三月不纳租"的宣传招揽艺人、摊贩来此做生意,形成了天桥的中心,即天桥市场。先农坛北外坛外围大部分地区逐渐被来这里讨生活的贫民占据,形成了许多旧货市场和市民杂耍卖艺的地摊,最终在20世纪20年代形成北京新的地方民俗文化区——老天桥。这一地区,平民自娱自乐的演出场所和日杂生活用品市场及旧货市场比比皆是,具有独特的城市平民文化特色。天桥发展成了一个极盛的平民市场,而城南游艺园的建成更是推动了天桥地区的市场繁荣。

由于先农坛外坛基本都为空地,1922年至1925年,内务部由于经费拮据,开始把外坛空地租、卖给平民商人使用,例如将西外坛改成了菜地或种粮。1924年,原水心亭的沟水干涸,地皮为军阀李彦清、吴道时、李品珊分别霸占,用炉灰渣填平后,即招租修盖民舍。1925年,官方开始出卖先农坛外坛。1926年,内务部逐步拆除先农坛外坛墙后,随之大量民居移驻北外坛。同时增建福、禄、寿三条街道，开辟成先农市场和城南市场。福长街也建起了鳞次栉比的商店。

这以后，在原坛墙东北角处先后有了先农市场、城南商场、惠元市场、天丰市场等，并向原坛墙内空地扩张。到了1929年，北京先农坛外坛墙除局部外，绝大部分拆除，先农坛北外坛地区逐渐形成新的街区格局，出现禄长街、福长街一、二、三条等街巷，同东经路、西经路、南纬路、北纬路共同构成了独特的城市文化布局机理，最终同北京先农坛历史文化相剥离，外坛逐渐变成杂居地。

四、张恨水先生、《啼笑因缘》与先农坛

董绍鹏

我们平日里说起先农坛，赞美先农坛留下的这些林林总总的明清官式建筑，赞美蕴含在这些建筑身上的历史文化背景，感叹它的与众不同的建筑布局，都是情理之中的景象。其实，与先农坛有过这样那样关系的历史上的名人，在津津乐道的同时，让我们又可以久久地回味，他们为先农坛抹上了浓重的人文色彩，更应值得人们的瞩目。

这些名人中，张恨水先生可以说是受众广泛、最接我们生活地气的文化界名人。

张恨水先生，原名张心远，安徽省潜山县人，因其父于江西为税吏而生于江西上饶，张恨水的童年和少年时代在江西度过。他童年就读旧式书馆，对传统章回小说兴趣浓厚，沉溺于《西游记》《东周列国志》等古典小说中，特别喜爱《红楼梦》的写作手法，醉心于风花雪月式的诗词典章及才子佳人式的小说情节。这为日后张恨水成为"鸳鸯蝴蝶派"作家打下了坚实的思想基础。他一生创作了120多部小说和大量散文、诗词、游记等，共近4000万字，被尊为现代文学史上的章回小说大家，有"中国大仲马""民国第一写手"之誉，是民国时期最多产、作品最畅销的作家。

四、张恨水先生、《啼笑因缘》与先农坛

张恨水先生少年时肄业于蒙藏边疆垦殖学堂。1914年开始使用"恨水"这一笔名,取自李煜"自是人生长恨水长东"之句,该笔名充分体现了其喜爱传统浪漫主义的情怀。

青年时期的张恨水先生成为一名报人,历任《皖江报》总编辑,《世界日报》编辑,北平《世界日报》编辑,上海《立报》主笔,《南京人报》社社长,北平《新民报》主审兼经理,1949年后任中央文史馆馆员。1952年加入中国作家协会。

张恨水先生在成为报人的同时,也开始了创作生涯,1917年开始发表作品,作品如《青衫泪》《南国相思谱》等,以描写痴爱缠绵为内容,消遣意味浓重,均可列入鸳鸯蝴蝶派小说中。1924年4月,张恨水先生开始在《世界晚报·夜光》副刊上连载章回小说《春明外史》,这部90万字的作品在此后的57个月里风靡北方城市,使张恨水先生一举成名。1926年,张恨水先生另一部更重要的作品《金粉世家》面世,他的影响得以进一步扩大。

真正将张恨水先生声望推到最高峰的,是将言情、谴责社会不公、武侠成分集于一体的长篇小说《啼笑因缘》。这部小说已有几十个版本,小说发表的当时就因各大电影公司争夺小说的电影拍摄权而成新闻,以后由它改编的戏剧曲艺也不在少数,而各种因《啼笑因缘》而作的续书更是民国小说之最。至此,张恨水先生的名声不仅如日中天,更成为妇孺皆知的通俗文学作家,而名扬天下。

《啼笑因缘》写于1929—1930年,在上海《新闻报》副刊《快活林》上连载。本书采用一男三女的爱情模式为故事的核心结构。青年樊家树到天桥游乐,认识卖艺为生的关寿峰,寿峰女秀姑更暗恋家树。其后家树偶遇唱大鼓的少女凤喜,相互爱慕,家树更助凤喜摆脱卖唱生涯,供她读书。家树虽得富家女何丽娜垂青,亦专情

如一。其后，凤喜三叔贪图富贵，使凤喜亲近刘大帅，刘更迫凤喜作妾，凤喜不知如何是好。刘大帅以杀家树来威迫凤喜作妾，凤喜含泪应允。其后家树与凤喜重聚，二人余情未了，一次私会后，事情为大帅知悉，凤喜被拷打成疯。寿峰与秀姑冒险助家树救出垂危的凤喜，更把大帅杀死，可惜寿锋亦中枪而亡，临终将秀姑托付家树照顾。《啼笑因缘》的精致在于作者讲故事的技巧和对"因缘"二字一环扣一环的镶嵌，它的沧桑感在于故事结束后的余味和萦绕于脑海的那一段凄凄婉婉的大鼓书。章回小说的部局更为作品增添了一份古色古香的意蕴。

主人公樊家树和沈凤喜的初恋，就是在先农坛与天桥市井的古朴幽静与嘈杂的交织当中发生的：

这一天，先农坛的游人最多，柏树林子下，到处都是茶棚茶馆。家树处处留意，都没有找着凤喜，一直快到后坛了，那红墙边，支了两块芦席篷，篷外有个大茶壶炉子，放在一张破桌上烧水。过来一点，放了有上十张桌子，蒙了半旧的白布，随配着几张旧藤椅，都放在柏树荫下。正北向，有两张条桌，并在一处。桌上放了一把三弦子，桌子边支着一个鼓架。家树一看，猜着莫非在这里？所谓茶社，不过是个名，实在是茶摊子罢了。有株柏树苑上，有一条二尺长的白布，上面写了一行大字是"来远楼茶社"。家树看到，不觉自笑了起来，不但不能"来远"，这里根本就没有什么"楼"。

家树望了一望，正要走开，只见红墙的下边，有那沈大娘转了出来。她手上拿了一把大片扇，站在日光里面，遥遥的就向樊家树招了两招，口里就说道："樊先生！樊先生！就是这儿。"同时凤喜也在她身后转将出来，手里提了一根白棉线，下面拴着一个大蚂蚱，笑嘻嘻向着这边点了一个头。家树还不曾转回去,那卖茶的伙计,早迎上前来,笑意:"这儿清静,就在这里喝一碗吧。"家树看一看这地方,也不过坐了三四张桌子,自己若不添上去,恐怕就没有人能出大鼓书钱了。于是就含着笑,随随便便的在一张桌边坐了。凤喜和沈大娘,都坐在那横条桌子边。她只不过偶然向着这边一望而已。家树明白,这是她们唱书的规矩:卖唱的时候,是不来招呼客人的。

....

次日,家树起了一个早,果然五点钟后就到了先农坛内坛了。那个时候,太阳在东方起来不多高,淡黄的颜色,斜照在柏林东方的树叶一边,在林深处的柏树,太阳照不着,翠苍苍的,却吐出一股清芬的柏叶香。进内坛门,柏林下那一条平坦的大路,两面栽着的草花,带着露水珠子,开得格外的鲜艳。人在翠荫下走,早上的凉风,带了那清芬之气,向人身上扑将来,精神为之一爽。最是短篱上的牵牛花,在绿油油的叶丛子里,冒出一朵朵深蓝浅紫的大花,是从来所不易见。绿叶里面的络纬虫,似乎还不知道天亮了,令叮令叮,偶然还发出夜鸣的一两声余响。这样的长道,不见什么游人,只瓜棚子外面,伸出一个吊水辘轳,那下面是一口土井,辘轳转了直响,似乎有人在那里汲水。在这样的寂静境界里,不见有什么生物的形影。走了一些路,有几个长尾巴喜鹊在路上带走带跳的找零食吃,见人来到,哄的一声,飞上柏树去了。家树转了一个圈圈,不见有什么人,自己觉得来得太早,就在路边一张露椅上坐下休息。那一阵阵的凉风,吹到人身上,将衣服和头发掀动,自然令人感到一种舒服。因此一手扶着椅背,慢慢的就睡着了。

......

二人走着，不觉到了柏林深处。家树道："你实说，你母亲叫你一早来约我，是不是有什么事求我？"凤喜听说，不肯定声，只管低了头走，家树道："这有什么难为情的呢？我办得到，我自然可以办。我办不到，你就算碰了钉子。这儿只你我两个人，也没有第三个人知道。"凤喜依然低了头，看着那方砖铺的路，一块砖一块砖，数了向着前面走，还是低了头道："你若是肯办，一定办得到的。"家树道："那你就尽管说吧。"凤喜道："说这话，真有些不好意思。可是你得原谅我，要不，我是不肯说的。"家树道："你不说，我也明白了，莫不是你母亲叫你和我要钱？"凤喜听说，便点了点头。家树道："要多少呢？"凤喜道："我们总还是认识不久的人，你又花了好些个钱了，真不应该和你开口。也是事到头来不自由，这话不得不说。我妈和"翠云轩"商量好了，让我到那里去唱。不过那落子馆里，不能像现在这样随便，总得做两件衣服。所以想和你商量，借个十块八块的。"家树道："可以可以。"说时，在身上一摸，就摸出一张十元的钞票，交在她手上。

……

只见凤喜一直跑进柏树林子，那林子里正有一块石板桌子，两个石凳，她就坐在石凳上，两只胳膊伏在石桌上，头就枕在胳膊上。家树远远的看去，她好像是在那里哭，这更大惑不解了。本来想过去问一声，又不明白自己获罪之由，就背了两只手走来走去。

……

当下两个人都不言语，并排走着，绕上了出门的大道，刚刚要出那红色的圆洞门了，家树忽然站住了脚笑道："还走一会儿吧，再要向前走，就出了这内坛门了。"凤喜要说时，家树已经回转了身，还是由大路走了回去。凤喜也就不由自主的，又跟着他走，直走到

四、张恨水先生、《啼笑因缘》与先农坛

后坛门口,凤喜停住脚笑道:"你打算还往哪里走?就这样走一辈子吗?"家树道:"我倒并不是爱走,坐着说话,没有相当的地方;站着说话,又不成个规矩。所以彼此一面走一面说话最好,走着走着,也不知道受累,所以这路越走越远了。我们真能这样同走一辈子,那倒是有趣!"凤喜听着,只是笑了一笑,却也没说什么,又不觉糊里糊涂的还走到坛门口来。她笑道:"又到门口了,怎么样,我们还走回去吗?"家树伸出左手,掀了袖口一看手表,笑道:"也还不过是九点钟。"凤喜道:"真够瞧的了,六点多钟说话起,已说到九点,这还不该回去吗?明天我们还见面不见面?"

……

先农坛自民国初年开始,逐渐开辟为北京南城的一处市民公园,利用坛内幽静的环境,为南城市民提供了一个休闲之地。1918年,正式称城南公园,以内坛北门作为公园入口,范围涵盖内坛、神祇坛、庆成宫和部分南外坛区域。当时,城南公园是北京的第二大公园,与1915年开放的社稷坛中央公园并驾齐驱。

小说中男女主人公初次约会的地点,正是先农坛内坛北门外至内坛南门一线。这也是当时城南公园的游览主线路。

先农坛东北坛墙外,曾有一处早已无存的富有江南水乡特色的游乐去处——水心亭,也是那时候引致这一地区热闹非凡的主要因素。

张恨水先生笔下的男主人公樊家树,之所以结识了富有一定市井气的少女沈凤喜,也有着一段与水心亭的关联经历:

……刘福道:"我知道表少爷是爱玩风景的。天桥有个水心亭,

倒可以去去。"家树道："天桥不是下等社会聚合的地方吗？"刘福道："不，那里四围是水，中间有花有亭子，还有很漂亮的女孩子在那里清唱。"家树道："我怎样从没听到说有这样一个地方？"刘福笑道："我决不能冤你。那里也有花棚，也有树木，我就爱去。"家树听他说得这样好，便道："在家里也很无聊，你给我雇一辆车，我马上就去。现在去，还来得及吗？"刘福道："来得及。那里有茶馆，有饭馆，渴了饿了，都有地方休息。"说时，他走出大门，给樊家树雇了一辆人力车，就让他一人上天桥去……由此过去，南边是芦棚店，北方一条大宽沟，沟里一片黑泥浆，流着蓝色的水，臭气熏人。家树一想：水心亭既然有花木之胜，当然不在这里。又回转身来，走上大街，去问一个警察。警察告诉他，由此往南，路西便是水心亭。

……当下家树听了警察的话，向前直走，将许多芦棚地摊走完，便是一片旷野之地。马路的西边有一道水沟，虽然不清，倒也不臭。在水沟那边，稀稀的有几棵丈来长的柳树。再由沟这边到沟那边，不能过去。南北两头，有两架平板桥，桥头上有个小芦棚子，那里摆了一张小桌，两个警察守住。过去的人，都在桥这边掏四个铜子，买一张小红纸进去。这样子，就是买票了。家树到了此地，不能不去看看，也就掏了四个子买票过桥。到了桥那边，平地上挖了一些水坑，里面种了水芋之属，并没有花园。过了水坑，有五六处大芦棚，里面倒有不少的茶座。一个棚子里都有一台杂耍。所幸在座的人，还是些中上等的分子，不作气味。穿过这些芦棚，又过一道水沟，这里倒有一所浅塘，里面新出了些荷叶。荷塘那边有一片木屋，屋外斜生着四五棵绿树，树下一个倭瓜架子，牵着一些瓜豆蔓子。那木屋是用蓝漆漆的，垂着两副湘帘，顺了风，远远的就听到一阵

四、张恨水先生、《啼笑因缘》与先农坛

管弦丝竹之声。心想,这地方多少还有点意思,且过去看看。

家树顺着一条路走去,那木屋向南敞开,对了先农坛一带红墙,一丛古柏,屋子里摆了几十副座头,正北有一座矮台,上面正有七八个花枝招展的大鼓娘,在那里坐着,依次唱大鼓书。家树本想坐下休息片刻,无奈所有的座位人都满了,于是折转身复走回来。所谓"水心亭",不过如此。这种风景,似乎也不值得留恋。

关于水心亭,民国著名民俗学者张江裁《北平天桥志》有如下记述:

天桥自民元成立平民市场,五方杂处,百商猬集。唯地势低洼,每夏,积水成渠。入夜,则蛙鸣不已,蚊虻麇集。明沟秽水,臭气熏熏。六年,高尔禄长外右五区,督清道队,削平其地,筑土路,析以经纬。同时是区绅士,卜荷泉诸氏,复鸠资于先农坛之东坛根下,凿池引水,种稻栽莲,辟水心亭商场,招商营业,茶社如环翠轩、绿香园,杂耍馆如天外天、藕香榭,饭馆如厚得福,皆美善。沿河筑长堤,夹岸植杨柳,其南其西,各启一门,皆跨有木桥。河置小艇,一届炎夏,则红莲碧稻,四望无涯,一舸嬉游,有足乐者。其入门券价,只收铜币二枚,亭西空地,则跑马场在焉。

又民国九年《北京指南》云:水心亭在先农坛东北隅,四周皆水,中峙一楼,楼以席木构成,而有玻璃窗。东南西北,皆可远眺。楼南之旷地,则引水种莲稻,夏景最佳。东、北、西三隅,各建草亭,其形为八角、六角、三角。东北有茶肆,环亭之水,上跨木桥三,桥甚高,小船可行其下。西堤、北堤,各有木栅门,兼司售券之警士守之。券价,铜元二枚。茶楼亦售西餐,可宴饮。夏日,水

心亭外之北与西，茶棚鳞栉，宛如小巷，亦城南之一幽雅处也。

民国八年，高尔禄解职，孙辑五继之，益加整顿，同时内务部改先农坛为城南公园，而城南游艺园亦同时改建房舍于坛中，更就芦坑之深处，修成小渠，种莲放舟，杂植花木，居然一小型之公园矣。外左五区署长金锐川，亦督工将金鱼池岸拓宽，招商列摊，天桥适处两者之中，且相连也。迨九、十两年，天桥三遭大火，而水心亭尤烈，不能修复，后将亭之北部地基，售与电车公司，建筑总站，尘嚣既甚，遂不复花明柳绿矣。

意思是说，民国初年先农坛东北外坛墙地势低洼，一到雨季，积水成泊，到了民国六年（1917），有人组织市民将此地顺势开挖水池，池南种稻，水塘里栽植莲花，池中建造了一个亭子，名叫水心亭；水池西北东三面与龙须沟接临处设三个木栅栏式水门，小船在丰水时可通过。此处作为城南公园外的又一处游玩去处，还设警察值守，门票两个铜板。茶棚饭肆，微风杨柳，水心亭成为当时京城平民消夏的好去处之一。

先农坛以及当时已经成为城市平民去处的天桥，以其丰富的市民生活内涵成为张恨水先生创作的素材来源，因此小说的描写充满了生活气息，让人读来倍感亲切。而小说中描写的先农坛，正是20世纪20年代初先农坛城南公园的真实情况，为研究这个时期历史提供了很好的参考依据。

在说起《啼笑因缘》的影响深远，一直到今天都为人们关注时，也要记住，这也是先农坛走入文学世界最有影响力的所在……今天，当我们听到江南的戏剧中"我们在先农坛中订姻缘"唱词时，应该感到是那样的温暖和亲切。

五、一次失败的亲耕

李 莹

明清两代是国家祭祀礼仪发展最为完善的顶峰时期，祭农和亲耕典礼被置于稳固国家政权、巩固统治地位的重要位置，因为农业的丰歉直接影响着民生、安定，关乎着国家命脉。

清代，是中国古代祭农活动发展的顶峰时期，祭祀和躬耕耤田不仅制度周密详备，典仪过程也隆重有序。清朝的历任皇帝来先农坛亲自或遣官举行耕耤礼的频次也超过前朝。清顺治十一年（1654），顺治皇帝进行了清代开国以来的第一次耤田享先农的耕祭。乾隆皇帝最终完善了耤田享先农的全部大礼，之后的历任皇帝也都严格地按照乾隆定制来到先农坛完成大典，礼仪程序一直沿用到清王朝灭亡。

然而，尽管有严格的仪程、严密的布置，在清代皇帝耕耤的记载中，也还有一次鲜为人知的失败记载。

《清实录》记载，嘉庆二十年（1815）三月，嘉庆皇帝来到先农坛，准备一丝不苟地按照古制举行劝农大典。这天伴驾的有睿亲王端恩、克勤郡王尚格、庆郡王永璘、礼部尚书穆克登额、通政使张鹏展、大理寺卿庆明等。在顺利地完成亲祭大典之后，参与典礼的一众官员在礼官的引导下，站在自己的位置上，静候皇帝更衣后

举行亲耕大典。此时的先农坛内肃静无声，全体官员严肃而紧张，生怕自己在如此重要的国家典礼中出现一些差错，影响典礼的进程，最终遭到皇帝的降罪。可以说，能够伴驾来到先农坛，对于这些官员来讲，是一件既荣耀又危险的事情。在官员忐忑又紧张的等候中，嘉庆皇帝在鸿胪寺官员的指引下，身着龙袍走出具服殿，款款来到自己的耕位前。他一手扶犁，一手执鞭，顺天府丞手中捧着种箱站在皇帝身后。一切准备就绪。此时，和声署史扬起彩旗，司乐官引署史鸣金鼓。一时间，原本寂静的先农坛内顿时鼓乐齐鸣、彩旗招展。正当人们以为典礼顺利进行的时候，意外却发生了。皇帝亲耕御用的耕牛，就好像没有经过驯化的一样，根本不听话。无奈之下，官员们赶紧更换了备用的耕牛。但是，这些御用的耕牛不知为何，全都摆起架子来了，不论怎样驱赶，就是一动不动，罢起工来。最后，在十余个御前侍卫的齐力驱使，连拉带拽下，这头犍牛勉强地在耤田里行走。在众目睽睽之下，嘉庆皇帝艰难地完成了四推之礼。尴尬的经历，让这位至高无上的皇帝十分懊恼。我们现在想想，如果后面的仪程能够顺利进行，可能这位皇帝的怒火还会有所消缓。但是天不遂人愿，后面的场面更是乱的一塌糊涂。三王九卿从耕的情景更为糟糕。他们所用的耕牛，也全都有样学样，好像商量好一样，任凭官员喝骂、抽打，就立在原地不动。有的牛干脆撩开蹄子奔跑起来。一时间，肃穆的先农坛内牛叫声、吆喝声不绝于耳，耤田内牛跑、人追，场面一片混乱。

  耕耤作为劝农大典，本应肃穆有序，但是出现这样混乱的场面，嘉庆皇帝震怒。许多官员因此受到惩罚。耕耤礼所用耕牛，是顺天府负责准备和驯化的，因为相关人员平时没有勤加演练，玩忽从事，所以专门负责这件事的大兴县知县沈守恒、宛平县知县张洽都被革

五、一次失败的亲耕

去顶戴,交吏部严加议处。顺天府尹费锡章作为专辖人员、刘镮之作为监管人员以及相关官员都受到了不同程度的处罚。所有此次一切例赏,也都停止发放。同时嘉靖皇帝还命令以后顺天府尹应当严格监督相关人员,认真教演,敬谨将事,以重典章。经此一事,顺天府尹及属下都更加认真训练耕牛,再也没有发生类似的事情。

此事发生后不久,直隶总督那彦成奏请沈守恒、张洽捐复官职。当嘉庆皇帝最终发现他俩是当时造成耕耤礼失败的元凶之后,立刻收回了批准的命令,并斥责那彦成"一并朦混入奏"。可见,这次失败的经历对嘉庆皇帝造成了巨大的心理伤害。

当然,牛毕竟是牲畜,牛脾气上来,我们也拿它没有办法。在有它参与的典礼中,无论如何勤加教演,也不可能保证完全没有状况出现。在《养吉斋丛录》中就曾有记载,有一年,道光帝率官员来先农坛举行耕耤礼,在三王九卿从耕即将结束的时候,耕牛突然"脱轭而逸",又一次在耤田奔跑了起来。在场的官员全部惊慌起来,害怕历史重新上演,皇帝降罪于己。但是道光皇帝"一笑而起",并没有当多大一件事。一场肃穆的典礼,就这样在皇帝的宽宏大量中慌乱地结束了。

六、先农坛神仓的二三事

李 莹

神仓院落位于北京先农坛建筑群东南方，是用来贮藏耤田所产谷物的场所。神仓建筑群由收谷亭、碾房、仓房、圆廪和祭器库等组成，贮藏在这里的谷物可不是用来给老百姓食用的，即便是高高在上的皇帝也不可以。这里是为帝都内大小坛庙祭祀提供粮食的，也就是说，神仓是用来贮藏皇家敬的祭祀品的专用粮仓，也叫作"天下第一仓"。

亲耕享先农礼仪作为国家祀典，在周代被记录在史书之后，被封建统治者继承和不断详备，与之相应的礼制建筑也随着仪程发展而不断完善。《汉官旧仪》记载："先农，神农炎帝也。祠以太牢，百官皆从，皇帝亲执耒耜而耕，天子三推、三公五、孤卿十、大夫十二，庶人终亩。乃至耤田仓，置令丞，以给祭天地宗庙，以为粢盛。"这里所说的耤田仓就是后来的神仓。由此可知，神仓作为贮藏粮食的建筑在汉代就已经出现在祭祀先农的建筑中，它是西汉时期先农坛建筑中重要的组成部分，承载着封建帝王粢盛的政治愿望。

北京先农坛的神仓建筑是什么时候出现的呢？据《明实录》记载，明嘉靖十年（1531）七月乙亥"以恭建神、祇二坛并神仓工成，升右道政何栋为太仆寺卿"，这就说明在明嘉靖十年的时候，神仓

六、先农坛神仓的二三事

已经建成。这是历史上仅有的一次关于神仓建造时间的记载。建成后的神仓建筑群坐北朝南,一进院落,主要包括收谷亭、仓房(两座)、碾房(两座)以及圆廪组成,其中,两座仓房分列在神仓院中路东西两侧,碾房与之相同,收谷亭和圆廪位于神仓院中路之上,形成了圆廪方仓的建筑规制。但是,当时神仓建筑群的位置并不是现在所处的位置。嘉靖时期的神仓建筑群位于旗纛庙与内坛东墙的空地之间,这个布局一直延续到乾隆十八年(1753)。

乾隆十八年(1753),乾隆帝因先农坛内建筑年久未加崇饰,同乾隆皇帝恭诚敬神的心意不相称,于是就对先农坛建筑群开展了一次较大的整修工程。其间,他以旗纛之神已于每年秋季在各军校场有祭祀,没有必要再到先农坛旗纛庙专门祭祀一次为由,下旨:"先农坛旧有旗纛殿可撤去,将神仓移建于此。"① 原旗纛庙只留下后院祭器库,成为存放皇帝及王卿耕具的场所。

移建后的神仓院落功能更加完备,并自成一体,为二进院落,后面存放农具,前院用来贮藏和加工敬神的粮食。这一格局一直保存至今。

作为皇家敬神用的粮仓,这里的建筑在建筑规制和功能上自然也不是普通粮仓能够比拼的。下面我们就来了解一下这些建筑功用和规制。现存神仓院落占地面积约为3436平方米,东西约宽41.2米,南北约长83.4米。前院建筑呈中轴对称分布,轴线上由南至北分别建有收谷亭和圆廪。收谷亭用来晾晒谷物,为四角攒尖顶方亭,黑琉璃瓦绿剪边,亭南北各建有三级台阶。圆廪,是神仓院的主体建筑,碾磨好的谷物就放在这里保存。整座建筑坐落在高约0.56米

---

① 《清会典事例》卷八六五。

的圆形台基之上,建筑形状十分特别,就像我们现在常见的粮垛一样,即"圆筒形墙身上覆斗笠形屋顶"。单檐圆攒尖顶的屋顶下为木质墙体,无窗,室内铺有木地板,避免潮湿。在收谷亭和圆廪东西两侧,分别为左右仓房和碾房。左右仓房位于左右碾房北部。顾名思义,仓房是用来贮藏收获的谷物;碾房用来碾磨谷物。仓房和我们平常看见的古建筑也略有不同,在屋脊正中设有天窗,形成一个大屋顶上面还有一个独立屋顶的特殊形制。您可别小看这个天窗,它比一般建筑的通风效果更好,可以防止谷物发霉。

为了更好地保护敬神的粮食,同时又要体现出皇家风范,古人也是绞尽脑汁。除了建筑形制,在神仓院内,除收谷亭外,其余建筑内部梁架上全部使用雄黄玉璇子彩画。这种彩画的颜料是用雄黄加樟丹调制而成。古人很早就知道雄黄具有一定毒性,将雄黄制做成颜料,绘制在梁架之上,可以达到杀虫的效果。

北京先农坛神仓建筑群作为等级最高的粮仓,经过了几百年的风雨,最终得以保存下来,但是在明代北京城中,还有一处神仓建筑却埋没在历史的长河之中。这就是建于嘉靖时期的、位于明代西苑皇家园林(今中南海)的恒裕仓。明世宗朱厚熜是明代的第十一位皇帝,年号嘉靖,后世称为嘉靖帝。这位刚愎自用的皇帝,刚刚上任,就为了正宗统、孝皇考开展了一场规模巨大却旷日持久的"大礼议"之争。其间,他不惜耗费大量人力、物力、财力,频繁地大兴土木。嘉靖十年(1531),明世宗因为南苑的中海、南海颇具江南田园风光,于是突发奇想,在南苑空地开辟农田,设农官督理,并在西苑南岸营造无逸殿、豳风亭和恒裕仓。这样皇帝可以随时来西苑感受农耕之乐。虽然,嘉靖帝时期的先农坛耤田比西苑的田地在国家祭祀礼仪中更为重要,但是嘉靖帝去西苑耕作次数却比南郊耤田更为频繁。嘉靖十五年（1536）端午，嘉靖皇帝召部分大臣在西苑泛舟。当时的翰林学士李默曾写了一篇游记，文中记载："（社）坊东北为无逸殿，殿南为豳风亭，上署豳风图记掏亭中。出门南行，西望黍稷盈畴……"可见当时这块田地上的作物十分茂盛。秋收的时候，这里也是十分热闹喜庆。《明宫史》在："西内秋收时，有打稻之戏，圣驾幸旋磨台、无逸殿等处，钟鼓司扮农夫馌妇及田畯官吏，征租、缴纳、词讼等事，内官监等衙门伺候合用器具，亦祖宗使知稼穑艰难之美意也。"《春明梦余录》也载："每岁耕获，帝辄临观。"这块地收获下来的粮食就存放刚在恒裕仓中。皇帝耕种的粮食，自然无人敢食，只能用来敬神。

由此可知，嘉靖皇帝时期，北京城内各大坛庙祭祀品是由先农坛神仓和南苑恒裕仓两座"神仓"来提供的。《明会典》载："嘉靖十年议准：每岁耤田所出者，藏之神仓，以供圜丘、祈谷、先农、神祇坛、各陵寝、历代帝王及百神之祀。西苑所出者，藏之恒裕仓，以供方泽、朝日、夕月、宗庙、社稷、先蚕、先师孔子之祀。"

但是，恒裕仓作为"神仓"的待遇并没有持续很长时间。嘉靖皇帝去世后，隆庆帝继位。隆庆元年（1567），隆庆皇帝听取了礼部官员的建议，废止了西苑耕种，恒裕仓也失去了作为"神仓"的尊崇地位，先农坛神仓仍然作为向皇家坛庙提供粢盛的唯一神仓，恢复了其正统地位。可见，恒裕仓不过是嘉靖皇帝一时任性的产物。

七、城南公园建设的旧事

黄绍鹏

民国时期,偌大的北京城公园并不多。

公园是个新鲜事物,市民有着强烈兴趣。

但是,众多的前清皇家禁地因其保存状态不错,还是引起了民国政府的青睐,认为稍加改造就可以作为市民的休闲去处。先农坛这么大个南城皇家坛区,自然也在其列。

就这样,1915年5月先农坛公园开幕了,当时人山人海,煞是热闹,诸多普通的市民携家带口涌入先农坛,一睹这个前清的皇家禁地风貌。据民国报章说,公园管理方为了方便广大市民进入坛区,特地在香厂对面的先农坛北坛墙上开了一个门,这样市民就可以从北面长驱直入,还在天桥的天坛北门对面的先农坛太岁门内,用碎石子重新铺装了从太岁门进入先农坛的昔日祭祀太岁神的道路。可以说,想得甚为周到。

后来,坛区一分为二,南半部(今天的南纬路以南)的先农坛古建筑区仍叫先农坛公园,而以北则起了个新名字——城南公园。1918年,先农坛公园废去,坛区统称城南公园。

先农坛当时看来属于地广人稀的状态。坛区北部都是空地,南部建筑也不像天坛那样宏伟高大。其实空旷是个好事,因为北京城

七、城南公园建设的旧事

充满了大大小小的房屋，有个空旷之地，可以在城市里享受乡村风情。只不过国人好凑热闹，空旷却给之后带来了厄运。

自从南半部正式变成城南公园后，公园事务所面对这座昔日的农业活动为主要内容的坛区，还是想了一些办法来改善环境的。首当其冲的就是把空地种上蔬菜、花卉，与农业主题吻合。民国老照片上能看得到所有可用空地，几乎都用砖头圈出范围，内里的土地上种上了植物。有的地方甚至还用南方毛竹编成篱笆，营造出农家篱笆院的感觉。再者，公园在先农神拜台和观耕台上，也招商搭建了木质亭子。至于先农坛拜台，时不常搭建临时的木结构草顶小亭子，作为游园活动的活动房使用，对于游人来说也是司空见惯的。

20世纪20年代，城南公园更像是个大的活动平台，俱乐部、茶摊、小吃摊等，在坛内鳞次栉比，跟北边已经成为市民摊贩市场的坛区南北呼应。张恨水先生的《啼笑因缘》里男女主人公相识相恋的场景描述中，就有当时城南公园的茶摊身影。不过公园就是公园，还是要考虑公园设施的增添建设的。

时间在动乱中到了20世纪20年代末30年代初。南京国民政府成立后，民国定都在南京成为定局，北京经过了几百年的国都时期，这时的落寞涌上心头。商业凋敝，百业不兴。民国初年的热闹不堪，到了这时，一下子踪迹全无，这座古老的城市似乎进入老年期，被人淡忘了。

但是，公园为了建设还是有所为的。20世纪30年代初，被遗弃在先农坛北外坛墙下的清代乾隆天桥双碑之一的"帝都篇"石幢，重新被人关注到。为了给公园进门后增添景致，公园管理部门于是决定把石幢的各个部分拉到坛内，计划在路边组装竖立起来，只可惜没做成，就扔到了内坛墙东北角。公园还从早已荒芜的圆明园旧址处搜得一块太湖石,是当初北宋亡国后被金朝人运到北京,后来又被清代建造圆明园利用的"宋徽宗艮岳遗石"。这块石头体现了宋人花石纲的独到选材眼光——瘦而嶙峋。想必把先农坛当成花园式休闲之处,搜寻这块石头安置在观耕台的南侧,跟台子一唱一和的感觉强烈,只不过涉及的内涵有点不伦不类罢了。其他的举措,还有包括在作为公园管理处的具服殿东墙壁外镶嵌一块清铁保的书法石碣,具服殿室内更新了清乾隆"邵农劝稼"匾,换为"遗民教稼"黑色大匾,作用等同于北洋张作霖政府内务总长沈瑞麟1927年题的具服殿抱柱联。

当然,由于公园门票远远不能支撑公园日常开销,坛内大量空旷地段被划分成一块一块用来出租,不少商户承租后进行养鹿、养蜂、养兔等等行当,这其中包括不少药材铺,可以说把先农坛的坛区利用做到了极致。

抗战开始后,这里再也没有了城南公园的任何建设举措。

八、太岁殿的尴尬

温思琦

在北京先农坛内,最高大壮丽,也最吸引游人目光的建筑就要数太岁殿了。这座太岁殿坐落在近1米高的基座之上,建筑面积达1300多平方米。太岁殿坐北朝南,面阔七间,进深九檩,单檐歇山顶,黑色绿剪边琉璃瓦,主祭太岁之神。

提到"太岁",大家最为耳熟能详的一句话大概就是"胆敢在太岁头上动土"了吧。我国古代对太岁的信仰起源甚早,而其产生与我国古代流行的岁星纪年法和太岁纪年法有着直接关系。太岁其实是人们为了方便纪年而人为虚拟想象出来的一颗与岁星(木星)运行方向相反的星辰,这就造成了太岁从他产生就不可捉摸,也更加虚无缥缈。

因为没有实际形象,人们看不见,古人对于"太岁"就产生了敬畏与崇拜,然后赋予其神格,于是太岁就由一个虚拟的星辰摇身一变成为掌管着人间祸福的神祇了。中国最早的祭祀活动,相传始于传说中的尧舜时代。原始社会人们的认知能力相对较弱,并且当时的自然环境也更加恶劣,人们认为天气的变化、粮食的丰收、生老病死都由那些看不见的神来掌管,因此他们崇拜并敬畏神灵,当古人遇到干旱、洪水、疾病等不能认知也不能解释的事情时候,往

往会寻求神明的帮助，祈求上天保佑他们得以生存。因此信仰太岁也就顺理成章地成为我国社会极为普遍的民俗事象。凡是太岁所在之地，既不能动土，也不可移徙，只能回避。时至今日，许多人建造房屋或是埋葬先人之时，依然遵从"避太岁"的信仰，丝毫不敢触犯太岁。由此可见太岁在我国民间信仰当中所处的重要地位，它受到人们的广泛崇拜和敬畏。

封建王朝的天子们是从何时开始祭祀太岁的呢，又是何时将太岁祭祀列入国家祀典体系的呢？虽然民间太岁信仰从未间断，其实到了元代才有皇帝亲祀太岁的记载。元代作为中国历史上少数民族建立的政权之一，神灵崇拜具有鲜明的民族特点，随着统治区域不断向南扩大、文化上的不断汉化，在其祭祀内容及内涵上也加入了汉民族内容。此时虽然帝王已经开始亲祀太岁，但并没有相关祭祀仪程、祭器、陈设等具体祭祀典仪制度规定。而太岁祭祀被列入国家祀典体系也才仅仅600余年。明朝是中国封建历史中最后的汉民族建立的封建王朝，其时，历经元代近百年的蒙古人的统治及其败走之前的国家战乱，百废待兴，明代统治者从各个方面急于恢复汉族的正统地位。体现在政治上就是皇权的高度集中，各种礼仪制度均有严格规范，这一时期的国家典章制度达到高度程式化。典章制度效法唐宋，礼制上采用周法。建国伊始，就编纂了《大明集礼》。无论是洪武时期的南京，还是永乐定都的北京，甚至连没有真正投入使用的安徽凤阳明中都，皆建有山川坛，以供奉和祭祀先农、太岁诸神。

而太岁祭祀在明代能够列入国家祀典，还与统治者对道教的推崇有很大关系。

明朝开国皇帝明太祖朱元璋本人年少时曾当过僧人，之后加入

八、太岁殿的尴尬

红巾军,信奉黄老,极其推崇城隍和土地,建立大明王朝后,在全国各地建设了成千上万座城隍庙和土地庙。明成祖朱棣自诩为真武大帝,并且拜"读书能诗,天文、地理、阴阳术数、兵家之学皆造其妙"的姚广孝为太子少师,让其与解缙等人纂修《永乐大典》。作为现如今影视剧"红人"的嘉靖皇帝,更是尊尚道教,当政后期醉心修道,不理朝政。正是统治者对道教的极度尊崇,为太岁正式进入国家祭祀体系奠定了政治基础。

国家层面对于太岁的祭祀在明代也达到最高峰,不光建坛祭祀,而且相关祭祀典章制度也逐步完善。明太祖朱元璋提倡农业生产,高度重视太岁、月将之神的祭祀,对明清两朝太岁、月将祭祀产生深远影响。洪武帝以为天下先,曾多次到南京山川坛亲自祭祀太岁月将之神,《明实录》中就有18次关于太祖皇帝亲祭太岁的记载,重视程度甚至超过了先农之神。但这时的太岁之神祭祀陈设却比较简单,用犊(小牛)、羊、豕(小猪)各一,登一、铏二、笾豆各十、簠簋各二,白色礼神制帛一,酒盏三十。

嘉靖时期大礼议,更改典章制度、实行四郊分祀,山川坛内只祭祀太岁之神,并且只有在天旱祈雨之时对其进行祭祀。但这时的祭祀陈设却有比较大的变化,较之前祭器的品种和数量都有增加。用犊(小牛)、羊、豕(小猪)各一,登一、铏二、簠簋各二、笾豆各十、爵三、酒盏三十、尊三,白色礼神制帛一、筐(盛放礼神制帛的长条形竹编器皿)一。

清代,作为少数民族政权,入主北京后,并没有尽毁前代宫殿和坛庙,包括祭祀礼仪在内的多数典章制度多效仿明代,为统治者在中原稳定统治秩序奠定了必要的基础。顺治、康熙、雍正三朝一直沿用明代先农坛。到了乾隆时期,国力强盛、国家稳定,乾隆十八年（1753）至乾隆二十年（1755）对北京先农坛进行了修缮与改建，这次改建成为明嘉靖帝之后北京先农坛最重要的一次改建，而我们今日所见北京先农坛规制就是乾隆时期的格局。

同前朝一样，清代对于太岁神的祭祀内容上没有做调整，在岁旱之时也都会遣官到太岁坛祈雨。值得一提的是，清代除了天旱祈雨祈告太岁外，对太岁正统内涵上较之明代也有所回归。在康熙三十五年（1696）二月，康熙皇帝亲征噶尔丹时曾遣官致祭太岁之神，并行五礼之一的军礼。凯旋后，祈告太岁。由此可见，太岁之神的祭祀在清朝曾作为吉礼与军礼并行过。清代虽然太岁祭祀被列入国家祀典并一直作为中祀存在，同样也有帝王亲祭的各种仪程等规定，但纵观清代各种典籍，清帝从未到太岁殿亲自祭祀过太岁之神，仅有偶尔几次到先农坛祭享先农之神后来到太岁殿上香的记录。结果就导致太岁殿建筑在先农坛建筑里最为高大壮丽，但是自明嘉靖以来，统治者只是将太岁之神作为天旱祈雨的功能神来祭祀，不亲祭，只是遣官祭祀。

所谓太岁殿的尴尬，也就体现于此。

九、天神坛的那些往事

李 莹

  中国古代农业生产对维护政权统治具有重要意义，发展农业生产是每位封建统治者最重要的一项治国之道。管仲曰："凡治国之道，必先富民。民富则易治也，民贫则难治也。奚以知其然也？民富则安乡重家，安乡重家则敬上畏罪，敬上畏罪则易治也。民贫则危乡轻家，危乡轻家则敢凌上犯禁，凌上犯禁则难治也。故富国常富，而乱国常贫。是以善为国者，必先富民，然后治之。昔者七十九代之君，法制不同，号令不同，然俱王天下者，何也？必国富而粟多也。夫富国多粟生于农，故先王贵之。凡为国之急者，必先禁末作文巧，末作文巧禁则民无所游食，民无所游食则必事农，民事农则田垦，田垦则粟多，粟多则国富。国富者则兵强，兵强者战胜，战胜则地广。"管仲用这么长一段话就是为了强调，"富民"是"治国之道"，统治者要想使人民富裕，就必须依靠农业。朝代不断更替的历史教训，也让明清统治者深刻认识到发展农业生产的重要政治意义。他们在颁布一系列发展农业的政策的同时，也不断完善与农业相关的国家祭祀礼仪。

  在中国原始农业中，旱涝等天灾是威胁农业生产的重要自然因素。在靠天吃饭的传统社会，往往是种于地而成于天。封建统治者

除了固定的祭祀活动之外,他们还会在天灾发生的时候,奔波于北京各个坛庙之间,通过对自然神灵的祈求,表达对农业丰收的愿望,最终达到维护统治的目的。

在北京先农坛建筑群内,除了著名的先农坛,还有一组天神坛建筑。这是明清两代帝王祭祀风云雷雨之神的场所,位于先农坛内坛之南,始建于明嘉靖十年(1531)。天神坛建成后,嘉靖帝规定每年仲秋中旬致祭。天神坛同地祇坛合称神祇坛,是明嘉靖帝出于巩固政治之需"厘正祀典"创建的两座新祭坛。

嘉靖皇帝去世后,天神坛祭祀被罢黜。

清代,天神坛被清帝重新启用。明清两代特别是清代祭祀天神坛,通常出现在发生自然灾害,如久旱无雨雪、雨雪久霪之时等等。封建统治者会遣官至神祇坛告祭,通常皇帝不亲祭。但是根据史料,清代也有皇帝亲自至天神坛进行非礼制的久旱求雨或久雨祈晴的记载,其中以嘉庆和道光帝为甚:

嘉庆十六年四月辛未,上诣天神坛。

《清实录·仁宗实录》卷二四二

嘉庆二十二年五月,以祈雨三坛,斋戒一日。辛酉,上诣天神坛。

《清实录·仁宗实录》卷三三〇

嘉庆二十三年四月甲午,上诣天神坛。

《清实录·仁宗实录》卷三四一

道光十二年五月戊辰,上诣天神坛。

《清实录·宣宗实录》卷二一二

道光十六年五月辛亥,上诣天神坛祈雨。

九、天神坛的那些往事

《清实录·宣宗实录》卷二八三

道光二十八年十二月辛酉，以京畿雪泽尚未优沾，上诣天神坛。

《清实录·宣宗实录》卷四六二

其实，在中国古代求雨祈晴是国家政治生活中的重要内容，祭祀内容和形式也是丰富多样。到了清代，封建统治者除了在天神坛、地祇坛祭祀风云雷雨、岳镇海渎等天神之外，还要祭祀社稷、本朝祖先等国家信仰神祇，以及关帝、龙神、城隍等民间信仰的神灵。祭祀活动有在每年固定时间举行的常规礼仪，也有因天灾严重而临时进行的非常规祭祀。

每年夏历四月，清代统治者要在圜丘举办常雩礼，乾隆皇帝时，常雩礼为大祀，皇帝需在典礼前三天进行斋戒。

雍正皇帝时，采纳礼官建议，提高了风、云、雷、雨等自然神的地位，在紫禁城的两侧分别兴建或改建了单独祭祀风、雨、云、雷四神的专祀神庙，也就是我们这里说的风云雷雨庙。宣仁庙，亦称风神庙，雍正六年（1728）敕建，位于紫禁城外东侧北池子大街最北端路东，每年以万寿圣节并立春后丑日致祭，同时以农历每月初一、十五摆祭器。住持道士则从在京城的道士内遴选。凝和庙，亦称云神庙，雍正八年（1730）敕建，与宣仁庙并排，位于其南，每年秋分后三天致祭。昭显庙，亦称雷神庙，建于清雍正十年（1732年），位于紫禁城外西侧北长街路西，每年立夏后申日致祭。时应宫，亦称龙王庙，祀雨神，建于雍正元年（1723），原址位于今中南海西北角。时应宫内设有住持道士，以供香火。每年六月十三日、农历新年正月前后九日、万寿圣节前后三日皆为道场。相对于天神坛的自然神灵属性，风云雷雨庙则更具有道教的特征。

但是，每当天灾不约而至，常规的祈雨礼仪并不能满足封建国家求雨祈晴的需求，所以更多的祈雨仪式是针对某一次天灾而进行的临时性活动。

譬如举行大雩礼。

旱甚，乃行大雩礼。只有皇帝才能够举行大雩礼。按照清代礼制，如果常雩后不下雨，皇帝要遣官分别祭告天神、地祇、太岁三坛。如果过了七日没有下雨，再祭告社稷坛。如果过了七日，仍然没有下雨，则再次祭告天神、地祇、太岁三坛。如果反复三次，还没有下雨，就要举行大雩礼了。可见，大雩礼的举行是在灾害严重且多次祈祷无效的情况下举行的，有清一代对大雩礼的举行可谓慎之又慎，只在乾隆二十四年（1759）和道光十二年（1832）举行过两次。

临时举行的求雨祈晴的地点，除了风云雷雨庙、天神坛、社稷坛之外，还有觉生寺、黑龙潭等等。觉生寺建于清雍正十一年（1733），是清代的皇家佛教寺庙，乾隆五十二年（1787），这里成了皇家祈雨的场所。位于北京市海淀区的黑龙潭也是明清两代皇帝祈雨的地方，有龙王庙一座。乾隆皇帝曾经多次来此祈雨。

此外，萨满教作为满族的传统宗教，也有向妇女泼水来祈雨的仪式。

十、昔日的五陵年少闻香逐臭之地

董绍鹏

北京先农坛,和京城其他坛庙一样,都在民国时期经历过不同程度的繁荣时期。

1911年,辛亥革命的爆发,把中华民族推进了一个全新的历史时期,中华民国的诞生,成为华夏人民政治生活的重大节点事件。

民国成立后,内务部管理全城坛庙,全权处理坛庙事务。作为昔日皇家专有禁地的坛庙,转而变为民国公有财产。先农坛跟其他坛庙一样,为民国内务部考虑向公众开放的事宜之一。

民国元年(1912),内务部把京城坛庙旧时祭祀之器用统一移存于北京先农坛太岁殿及两庑中,并随即成立古物保存所,准备适时开放。同年底,内务部考虑到外城原有之陶然亭及黑龙潭由于条件所限,不能满足游人所需,故而打算另辟景点。因北京先农坛"取闹市中幽静,古柏参天,是世界中难得的一处游玩之地",遂决定民国二年1月开放北京先农坛十天,任人观览,并借以庆祝共和周年。这是历史上北京先农坛首次成为大众踏足之地。

民国二年(1913)1月1日至10日,北京先农坛开放十天,古物保存所也同时开放。为了进出方便,内务部在北外坛墙面对香厂处辟一便门,马车、人力车都可直抵内坛。另在太岁门(今南纬路

与北京先农坛东街交会处）内外新铺渣石路压实，以便游人出入。因先期在报纸上登出通告，且事行内外布置一番，故开放后游人不断。坛内外扎有大量柏枝条做成的牌楼，上悬各处赠送的对联，内容主要反映共和后人民大众心境畅快的感受。当时坛内各处利用的情况为：太岁殿、两庑为古物保存所，院落临时改为蹴球场，古物所购票入览。台西南有书画社、古物质评社、古物萃卖场、古物杂志社，展卖古玩字画。这一带还广植桃林，后每天春天时桃花遍开，是民国初年京城观桃花的第一去处。庆成宫则因庆祝民国成立周年，改作共和纪念大会先烈坛，祭奠民国烈士。宫南大空场成为鞠球场，不少青少年踢球为乐。全坛洋溢着宁和欢乐气氛。首次开放，伴以漫天瑞雪，使不少文人借景抒怀。应民众要求，开放延续了几日。以后两年中，北京先农坛均要在1月中开放十天，免费观览。

这其中，民国元年观耕台上的观耕亭，那会儿成了一处很新潮、让人必去的地方。其实，这个亭子不过是用木材建造的八角亭，每面有窗子，用上了一般家庭用不起的玻璃，市民淳朴地称作八角琉璃亭。这亭子起名叫作"环春亭"，过了些年，出租给一家照相馆经营。

民国八年（1919）夏，由京都市政公所出面，在城南游艺园南（今北纬路中学北门附近）招商建欧式四面钟一座，成为坛内继观耕亭后又一新景致，当时的报纸说，这里招引了众多好奇的年轻人，他们竞相游玩嬉闹，成为所谓五陵少年逐臭之处。

坛内新兴建筑的出现，正应合了这里作为公园的需要。

我们纵观先农坛作为公园的历史，大概只有民国的前十年是最为兴盛热闹，也广为社会关注的时期。

十一、先农坛的祭祀礼器

温思琦

"国之大事,在祀与戎",我国自周朝开始就以礼乐治天下,虽经历了"礼崩乐坏"的一段时期,但到了汉代,罢黜百家独尊儒术后,又开始推崇起礼乐治天下。在先人心目中,礼的核心内容之一就是"事天地之神",简言之就是祭祀活动,而礼器自然而然就是与"礼"相关的各种"器"了。

"器"本身象征天地四方、社会等级、吉凶等。但是,当祭祀礼实施阶段,"器"就不仅仅是象征了,还要落实成为某种器具,变成了施礼者与神祇或祖先交流时不可缺少的工具,也就是"礼器"。只有使用礼器,并完成了天神交流,才能实现从君臣到夫妻乃至社会各阶层的和谐。

正因如此,礼器也对人们的日常生活产生了深厚的影响。《礼记》当中记载人们置办家用,首先就要置办祭祀礼器。有德行之人,即使再穷困潦倒,也不会变卖礼器,士大夫可以丢失领地,却不能丢失祭祀礼器。

礼器因盛放的供品不同而有不同的造型。但均未脱离实际生活当中器皿的使用属性和造型。无外乎就是统治者在制作祭器之时花费更多的时间,造型上更加精致,材质更加精良,整体体现出高贵

与奢华，以此显示其与普通生活器皿的不同。

殷墟遗址曾出土了鼎、爵、罍、尊、豆、簠、簋等器皿，这些器皿是这些商代贵族们日常生活中的盛器、酒器，铸造工艺巧夺天工。其实这些日常器皿就成了祭祀时礼器的原型。人们在祭祀祖先和神祇之时，选用不同种类和数量的器皿进行组合，最终使原本为人所使用的普通生活器皿演变为敬神、礼神用的祭器。

到了周代，天子为了达到"普天之下莫非王土"的统治目的，以祭祀为核心建立起了一整套完整的礼乐制度。周代的礼乐制度就成为自汉代以来主要的参考制度。但是到了东周时期，周王室日渐式微，什么伦理纲常、社会秩序，统统崩坏。随之而来的就是战国时代连年纷乱，西周建立起的礼乐制度彻底被所有人抛诸脑后，这带来的后果就是祭祀礼器的失传。秦始皇统一中国后，诸侯国礼器有些不知所终，有些则直接熔化挪作他用。唐朝是一个气度恢宏的隆盛朝代，经济繁荣、国力昌盛，政通人和、国泰民安。盛唐文化在这样空前绝后的历史大背景下也是中外融合，兼容并包，间接导致让本就已经无法考据的各式礼器，在文人的天马行空的想象发挥中让礼器变得五花八门，这时的礼器造型古怪、含义纷杂，到了宋代初年达到极致。直到宋徽宗和南宋高宗时期，才随着金石考据之风和复古之风得以改观。

明代建立后，洪武皇帝朱元璋决定恢复周礼，同时参考唐宋制度，用来制定明代的各项典章制度。但是在制作祭祀礼器时，完全没有考据周代以及唐宋各类礼器的质地以及形态，只是参考了宋代对不同礼器的命名之法，因此虽然《会典》上标注出了祭器的名称，但是在祭祀现场却是用瓷盘、瓷碗代替。比如登和铏用瓷碗代替，笾豆簠簋都用磁盘代替。

十一、先农坛的祭祀礼器

清朝入主中原后，沿袭了明代的祭祀制度，导致在乾隆朝之前，祭祀用的还是瓷盘、瓷碗。乾隆帝时期，乾隆皇帝决定加以纠正这一现象，于是就命礼部来考据周代礼器制度以及唐宋以来后人的发现，终于明确了各式礼器祭祀用品的质地、形制等，并规定国家祭祀中庙用金属质地，坛用瓷质，其中的笾筐用竹制，最终形成了《皇朝礼器图式》一书。这本书是乾隆帝钦命绘制的一部与清礼息息相关的器物图谱，记载各类典章制度类器物的政书，图文并茂，《四库全书总目》评述"所述则皆昭典章，事事得诸目验，故毫厘毕肖，分寸无讹，圣世鸿规，粲然明备"。什么意思呢？其实就是说这本书中各礼器形制尺寸全部是考据典章后得来的，那真是一毫米都不差。

这里简单介绍一下清乾隆朝以后的先农坛祭祀陈设。

（先农）坛正中为先农神位幄，方形，南向。神幄座上供奉先农神牌位，神座前有怀桌一张，怀桌上摆放三十个盛满美酒的杯盏。怀桌前为笾豆案一张，笾豆案上摆放笾十，豆十，簠二，簋二，登一，铏二和初献、亚献和终献三次向先农神敬献的美酒和爵以及初献敬献给先农神的筐和帛。登中盛放太羹（没有调味的清牛肉汤）。铏中盛放和羹（加了五味调料的牛肉汤）。簠中盛放稻（大米）和粱（高粱米），簋中盛放黍（黄米）和稷（小米），笾中盛放形盐（制成虎形的盐）、枣、芡实、咸鱼、栗、鹿脯、榛、白饼、菱、黑饼。豆中盛放笋菹（腌笋）、菁菹（腌韭菜花）、韭菹（腌韭菜）、芹菹（腌芹菜）、鱼醢（鱼肉酱）、鹿醢（鹿肉酱）、鸠醢（肉酱）、兔醢（兔肉酱）、脾析（用盐酒腌过的牛百叶丝）、豚拍（小猪肩肉做成的肉干）。

幄外笾豆案前为一俎，俎内三格中各放有向先农神敬献的豕（猪）、牛、羊。俎前为一炉，炉两旁各摆放一觥镫（羊角灯）。神幄东边摆放馔桌一张，神幄前西边摆放祝案一张，南向。东边摆放福胙桌、尊桌、接桌各一张，均西向。尊桌上摆放尊三个，尊内盛满美酒，尊用尊幂覆盖。西边接福胙桌一张，东向。东、西、南三天门内正中，各设一香案。南阶上正中为皇帝拜幄，幄内为皇帝拜位，北向。

这些祭祀用礼器的具体尺寸与样式如下：

盏（zhǎn）：也写作"盏"，浅而小的杯子，酒杯。陶质，色白，足径一寸。

爵：用陶。色如豆。通高四寸六分，深二寸四分；两柱高七分；三足相距各一寸八分，高二寸。

登：用陶。色黄。通高六寸一分，深二寸一分，口径五寸，校围六寸六分，底径四寸五分；盖高一寸八分，径四寸五分，顶高四分。制同者皆口为回纹，中为雷纹，柱为饕餮形，雷纹，足为垂云纹，盖上为星纹，中为垂云纹，口为回纹。

铏（xíng）：盛羹的器具，形如小鼎。陶制，色黄。通高三寸九分，深三寸六分；口径五寸，底径三寸三分；足高一寸三分，两耳；盖高二寸五分，上有三峰，高九分。两耳为牺形，口为藻纹，次回纹。腹为贝纹，盖为藻纹，回纹，雷纹。上有三峰，为云纹，三足亦为云纹。

豆：用陶，黄色。通高五寸五分，深一寸七分，口径五寸，校围六寸六分；足径四寸五分；盖高二寸三分；顶陶纽，高六分。制同者皆腹为垂云纹、回纹，校为波纹、金錾纹，足为黻纹，盖为波纹、回纹，顶用绚纽。

簠（fǔ）：古代盛食物的方形器具，先农坛用黄色，陶制。俱通高四寸四分，深二寸三分；口纵六寸五分，横八寸；底纵四寸四分，横六寸，两耳；盖高一寸六分，上有棱，四周纵四寸八分，亦附以耳。制方，面为夔龙纹，束为回纹，足为云纹，两耳附以夔龙，盖上有棱四周，旁亦附夔龙耳。

簋（guǐ）：古代盛食物的圆形器具。陶制，与簠相同。俱通高四寸六分，深二寸三分，口径七寸二分，底径六寸一分，两耳，盖高一寸八分，上有棱，四出高一寸三分。制圆而椭，口为回纹，腹为云纹，束为黻纹，足为星云纹，两耳附以夔龙，盖面为云纹，口为回纹，上有棱四出。

笾（biān）：古代祭祀或宴会时盛食品所用的一种竹器。用竹，以绢饰里，顶及缘皆髹以漆，如登色（黄色）。俱通高五寸八分，深九分；口径五寸；足径四寸五分；盖高二寸一分；顶正圆，高五分。

篚（fěi）：圆形的盛物竹器。色如笾（黄色），用竹，髹以漆。俱高三寸二分，纵四寸五分，横二寸一分，足高七分；盖高一寸一分。

鱿（shěn）镫：鱿—鱼子、鱼脑骨；镫，古代盛熟食的器皿。先农坛用羊角鱿镫。

俎：祭祀时用来盛牛羊等祭品的礼器。用木，髹以漆，锡裹。色红，纵六尺有奇，横三尺二寸。通高一尺六寸有奇。中三区，外四周各铜环二，八足有距跗。

清代制造尺，一尺约合现在的32厘米，一寸约合3.2厘米，以上器物尺寸均如此换算。

十二、从先农坛神厨的素面削割瓦说起

李 莹

先农坛神厨，位于先农神坛北面、太岁殿建筑群西侧，建于明永乐十八年（1420）。神厨由一座独立的院落围合而成，整座院落占地面积约为3791平方米，东西宽约56米，南北长约68米。神厨内共有五组建筑，院内北面正殿为神版库，东为神库，西为神厨，院内东南、西南各有一座六角盝顶井亭，在神厨院落西还有一组跨院，内有宰牲亭一座。五组不同形制的建筑所承担功能虽然各不相同，但是它们都为先农坛内各大祭祀仪式提供后勤保障。

神厨正殿为神版库，建筑面积约342平方米，面阔五开间26米，进深13.2米，单檐悬山顶。清乾隆十八年（1753）以前，凡在先农坛各处非祀享之时的神祇木主神牌都供奉在这里，待祭祀时才请出，祭祀完毕，归于原位。乾隆十八年（1753）后，神版库只供奉先农之神和天神地祇神牌，而太岁坛神牌则长期供奉在太岁殿内。

神库，建筑面积约为271平方米，面阔五开间，约26米，进深约10.4米，单檐悬山顶。这里是用来存放先农坛各处祭祀器皿的场所，就好像我们现在厨房中的碗柜一样。神厨，与神库相对，体量与神库大体相同，是用来制作祭祀品的厨房。与神库不一样的是，在神厨后檐明间设有槛墙并开窗，窗外建有石水槽，水槽外侧开有排水口。这个水槽就是当时用来清洗祭祀品之用,清洗后的废水顺着排水口排出。以上可见,我们平常居家使用的厨房,在国家祭祀建筑中,扩展成为神厨和神库两座建筑。

站在神厨院中,您就会发现,三座主要建筑的屋顶同威严肃穆的太岁殿建筑有很大差别。除了体量之外,最主要的就是屋瓦颜色不同于太岁殿的黑色琉璃瓦,这里使用的灰色削割瓦。所谓削割瓦就是没有上釉烧制的琉璃瓦件,规格质地与琉璃瓦一致,用在等级较低的皇家建筑上。

瓦作为铺屋顶的建筑材料,起到防水、保温、隔音、隔热、防止紫外线照射等作用,在西周早期的建筑遗址中就已经有发现,春秋战国以后广泛应用。瓦的制作材料也是多种多样,其中陶土是最普遍的材料。陶土烧制成的瓦主要分为青瓦和琉璃瓦。青瓦外表呈深灰色,一次烧成,多用于民居建筑。琉璃瓦是施以彩釉的陶瓦,是经过二次烧造的瓦。梁思成先生在《清式营造则例》中说:"琉璃于汉代罽宾(汉代西域诸国之一)传入中国,用于屋顶始于北魏,明清两代,应用尤广,这个由外国传来的宝贵的建筑材料,更使中国建筑放一异彩。"而用在北京先农坛神厨建筑中的瓦,其实就是经过一次烧制而成的没有上釉的琉璃瓦胎,颜色接近于青瓦,但是其烧造工艺要比青瓦精细很多。

在中国传统礼制的影响下,色彩丰富的琉璃瓦在中国古代建筑的使用中也有严格要求。明清时期,对琉璃瓦的使用更加明确,规定更为严格。按照规定,琉璃瓦除皇家建筑外,普通老百姓一律不允许使用,所以就形成了北京城青砖灰瓦的主色调。在皇家建筑中,不同等级的建筑使用的颜色也有具体规定:黄色,是皇帝的专属颜色,皇家宫殿、陵寝及国家重要的寺庙在使用;绿色用于王公府邸;

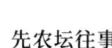

黑色用于祭祀建筑；蓝色象征上天，专用于祭天的场所，即天坛。

可见，削割瓦的使用，说明尽管神厨建筑群在北京先农坛中承担着重要的作用，但是整体院落的建筑等级并不高。

十三、中国古建的活化石

李 莹

古人认为:"国之大事,在祀与戎。"祭祀活动是封建国家政治生活中最重要的内容之一,明清时期是各类祭祀礼仪发展最为完备的时期。在祭祀礼仪漫长的发展过程中,向神灵敬献祭祀品一直是礼仪活动的主要内容之一。古人主要通过献食和祭酒两种方式向神灵表达恭敬之意,而献食的内容则以牺牲和粢盛为主。牺牲指的是供祭祀用的纯色全体牲畜,粢盛即用来祭祀的谷物。

清代根据祭祀者和祭祀对象的不同,所用牺牲一共分为四等,依等级从高到低为犊、特、太牢、少牢。"犊"即体格健壮、身无杂色且牛角不得超过蚕茧大小的子牛,用于行祭圜丘、方泽;"特"为纯色的公牛,行祭大明、夜明神用;"太牢"(牛、羊、猪)各一,用于祭先农、神祇等坛;"少牢"(羊、猪)各一,用于关帝、文昌等祭祀。先农坛作为牺牲的黝牛,要在祭祀前一天宰杀并制作成祭品,由天坛的牺牲所提供。

宰牲亭是祭祀礼仪开始前棒杀牺牲的场所,是皇家礼制建筑中重要的功能性建筑。但是宰牲亭并不是一开始就存在于国家礼制建筑中的,早期古人很有可能是在露天进行此类活动,后期才逐渐出现宰牲亭这种专门建筑类型。宰牲亭作为中国礼制建筑中的之一，随着中国礼制在明清时期发展到鼎盛时期，普遍存在于中国封建社会祭祀自然神灵的皇家坛庙中，并作为功能性建筑发挥着重要作用。通常情况下，宰牲亭建在神厨旁边，这既是祭祀建筑布局的合理使然，也是实用功能的客观要求。在北京天坛、地坛、社稷坛、朝日坛、夕月坛等皇家坛庙建筑中，我们都能看到宰牲亭的身影。在北京众多坛庙的宰牲亭建筑中，唯独北京先农坛宰牲亭的建筑形制与众不同。

北京先农坛宰牲亭位于先农坛神厨院外西侧，是先农坛内坛一处独立的礼制建筑。宰牲亭建筑面积261.3平方米，面阔五间20.13米，进深三间12.98米，为一座无斗拱、重檐悬山、灰瓦顶建筑。室内明间正中有一毛血池，长2.4米，宽1.16米。深1.3米，是对牺牲进行放血、煺毛和涤血的地方。

北京的明清皇家祭坛宰牲亭，除了先农坛宰牲亭屋顶是削割瓦重檐悬山顶外，其余全部为绿色琉璃瓦重檐歇山顶建筑。

我们知道，被列入不同祭祀等级的礼制建筑，其规模和形制都有很大区别，有着严格的等级要求，这是中国传统礼制对建筑的约束。宰牲亭作为礼制建筑中功能性附属建筑，也受到中国古代等级制度的制约，其中最明显的表现就是它们的屋顶形式。

屋顶在中国古代建筑中除了能够保护建筑之外，还具有明显的等级标识作用。其中庑殿式屋顶等级最高，其次为歇山顶、悬山顶。在天坛、地坛、社稷坛等列入大祀的礼制建筑中，宰牲亭都为重檐歇山顶；明洪武初年先农之祀由大祀改为中祀，在祭祀等级上低于天坛、地坛、社稷坛，出现了重檐悬山顶的宰牲亭，推测除了与祭祀等级有关外，还应该有其他因素。其中，朱元璋从社会最底层的平民最终成为皇帝，这在中国历史上是少见的传奇。长期生活在社会最底层的人生遭遇，使他对百姓的疾苦有着深深的体会，平民情节处处体现在他的处事与执政中。明朝建国之初，面对长期动乱的社会环境，再加上朱元璋曾经有"两京一都"的设想，所以当时都城南京的坛庙建筑未能尽善。中都罢建使得朱元璋"两京一都"的设想破灭，于是在洪武八年（1375），南京坛庙建筑进入了新建、改建、扩建的阶段。先农祭祀作为中祀，在没有经过严格规划的情况下，最终和山川坛被规划在同一坛区内。宰牲亭被建造成一个相对等级较低的形制，很有可能是朱元璋注重民生的体现。永乐帝迁都北京后，山川坛建筑，包括宰牲亭，按照南京旧制被建造在天坛对面。嘉靖厘正祀典时，在朝日坛、夕月坛被列为中祀的坛庙建筑中，普遍建造重檐歇山顶宰牲亭建筑，对山川坛的重新规划只局限于在内坛之南另行辟建神祇坛，内坛除新建神仓外，其余建筑并未改动。北京先农坛宰牲亭这一独特的建筑形制得以保存下来。由此推测，在被列为中祀的礼制建筑中，宰牲亭并没有统一的规制，在形制上也并无严格的规定，而是根据坛庙建筑条件等方面具有较大随意性。

北京先农坛宰牲亭内檐彩画为璇子彩画，外檐彩画直接绘于木梁架之上，没有地仗。按照传统工程法，油饰彩绘前要在木构架表面做地仗，即在木结构表面覆盖一层衬底，达到防腐防潮的效果。清早期以前的地仗做法比较简单，一般只对木结构表面的明显缺陷用油灰做必要的填刮，平整后生油。清早期以后，地仗做法日渐加厚。可见先农坛宰牲亭建筑保留了明早期建筑特色。

重檐旋山形制的先农坛宰牲亭，作为明清时期重要的功能性礼制建筑，在封建社会典仪中发挥着重要的作用。其独特的屋顶形制，无论在史料记载中，还是现存建筑实例中，我们都没有发现相同的建筑。先农坛宰牲亭也因此被单士元先生成为"明代官式建筑中的孤例"。

十四、太岁殿原来是万神殿

温思琦

北京先农坛内有一组恢宏的建筑群,就是太岁殿建筑群,它是由拜殿、太岁殿正殿、东西两庑以及拜殿南侧的焚帛炉共同组成的。太岁殿正殿主祭太岁之神,东西两庑祭祀春夏秋冬十二月将之神。这座恢宏巍耸的建筑远比不远处主祭先农神的先农神坛看着气派多了。先农坛主祭的明明是先农之神,而且在极重礼制的明清两朝为什么这太岁殿竟能够喧宾夺主呢?难道是明清两朝的统治者祭祀太岁之神比先农之神更加虔诚而将太岁殿修得如此壮丽吗?如果这样认为,那您可就大错特错了。

我们都知道,北京先农坛是永乐十八年(1420)完全仿照南京洪武时期山川坛修建的。

明代是中国封建历史上最后的汉民族王朝,明取代蒙元,历经元代百年的统治及蒙古人败走之前的国家战乱,百废待兴,明代统治者从各个方面急于恢复汉族的正统地位。典章制度效法唐宋,礼制上采用周法。建国初始就在南京正阳门外修建圜丘坛,位于钟山之阳(山南水北谓之阳),以冬至日祀天。建方丘坛于太平门外,钟山之北。依照天圆地方的观念,圜丘建成圆形、方丘建为方形,天地分别祭祀,而岳镇海渎、山川诸神作为陪祀,不单独祭祀,因此也没有为这些天神地祇专门建坛。这一时期岳镇海渎从祀方丘，而天下山川不得以类从祀。

随后朱元璋发现将天神、地祇同屋不同时祭祀，认为这并不是敬神之道，于是在洪武二年（1369）命礼官考据古制，根据礼官回复不设坛祭祀不合礼制，于是将太岁、风云雷雨诸天神合为一坛，定于惊蛰、秋分之日祭祀，将岳镇海渎、天下山川、城隍诸地祇之神合为一坛，于清明、霜降之日祭祀。设祭坛十九座，第一坛祭祀太岁、春夏秋冬四季月将，第二坛祭祀风云雷雨，第三坛祭祀五岳，第四坛祭祀五镇，第五坛祭祀四海，第六坛祭祀四渎，第七坛祭祀京都钟山，第八坛祭祀江东山川，第九坛祭祀江西山川，第十坛祭祀湖广山川，第十一坛祭祀淮东、淮西山川，第十二坛祭祀浙东、浙西、福建山川，第十三坛祭祀广东、广西、海南、海北山川，第十四坛祭祀山东、山西、河南、河北山川，第十五坛祭祀北平、陕西山川，第十六坛祭祀左江、右江山川，第十七坛祭祀安南、高丽、占城诸国山川，第十八坛祭祀京都城隍，第十九坛祭祀六纛大神、旗纛大将、五方旗神、战船、金鼓、铳炮、弓弩、飞枪飞石、阵前阵后诸神。这十九坛，帝王均躬自行礼。随后又定惊蛰、秋分后三日，遣官来祭山川坛诸神。

洪武三年（1370），这时洪武帝认为风云雷雨、岳镇海渎为阴阳一气，于是在正阳门外将两坛合二为一，将太岁、四季月将、风云雷雨、岳镇海渎、山川、城隍、旗纛诸神在山川坛合祀。我们可以清晰地看到太岁诸神本是作为圜丘神从祀在天地坛祭祀。

直至洪武九年（1376），才在圜丘西南建山川坛，山川坛正殿祭祀太岁、风云雷雨、五岳、五镇、四海、四渎、钟山之神，东西配殿各祭祀三坛，东配殿祭祀京畿山川、夏冬二季月将，西配殿祭祀春秋二季月将、京都城隍。

永乐皇帝迁都北京之后，悉仿南京旧制，在京城南郊西侧修建山川坛，相较南京山川坛，仅是高、敞、壮丽过之，而坛庙格局以及祭祀诸神并未改变，只在正殿钟山之神右侧增祭天寿山之神。这时的山川坛格局为正殿七间，祭祀太岁神、风云雷雨诸天神、岳镇海渎诸地祇、钟山之神、天寿山之神。东西配殿各11间，祭祀京畿山川、都城隍以及十二月将。山川坛正殿为拜殿，拜殿东南为燎炉。正殿西侧为神厨、神库和宰牲亭，南为川井。正殿西南为先农坛，东为旗纛庙，东南为具服殿，具服殿南为耤田。

不难看出，从永乐十八年（1420）到嘉靖帝即位之前这100余年，山川坛格局未有大的变动。

嘉靖帝即位后，在位期间最大的"政绩"就是更改太祖朱元璋确定的各种礼制，也就是后世所谓"大礼议"。通过"大礼议"，嘉靖皇帝明确了自身统治的法理正统性、正确性，加强了皇权。最初，嘉靖帝为了提升亡父的政治地位，使其亡父能够入驻太庙，开启了礼制争辩。最终结果，经过三年反复辩论，不仅实现初衷，而且修正了开国以来的祖宗定制。"厘正祀典"的借口是恢复周礼之制。嘉靖九年（1530），恢复明初的天地分祀，在正阳门外原大祀殿南修建圜丘坛，在安定门外修建方泽坛。北京山川坛也经历了其从建立之后的第一次重大改变，在旗纛庙和斋宫之间修建神仓，又对山川坛正殿内合祀的众神祇进行调整，在山川坛内坛南修建神祇坛，将山川坛正殿内的天神（风、云、雷、雨）、地祇（五岳、五镇、四海、四渎）分别于神祇坛祭祀，并将山川坛正式更名为神祇坛。《明世宗实录》卷一一九详细记载了更名的情况："嘉靖九年（1530）十一月，丙申，上谕礼部曰：南郊之东坛名天坛，北郊之坛名地坛，东

郊之坛名朝日坛,西郊之坛名夕月坛,南郊之西坛名神祇坛。着载《会典》,勿得混称。"原山川坛管理机构耤田祠祭署,也同时更名为神祇坛祠祭署。从嘉靖九年(1530)开始,山川坛正殿也就是太岁殿仅祭祀太岁之神。太岁殿也由万神殿变成太岁之神的专有宫殿了。

十五、庆成宫憾事

董绍鹏

北京先农坛的建筑中，有一处属于典型名不副实的存在，它建立于考虑得周到，却因当政者的懒惰与无所谓，成为用途异化的场所。

这就是庆成宫，也就是明代到清初的先农坛斋宫。

话说明代，那个耳朵根子软、听信自吹自擂、信誓旦旦充满自豪感的太监之言、贸然出征蒙古的皇帝明英宗，在过了战俘生涯若干年，又被冷落若干年后，终于发动政变，重登大宝。复辟后的明英宗改了年号，并没有延续之前自己的正统年号，改叫天顺，表明自己顺天顺意地到老天的照顾。就在天顺二年（1458），明英宗考虑到祭祀山川坛在城外，往来城中斋戒，多有奔波劳累，于是下令在山川坛之东，辟建山川坛斋宫一座，并于次年添设宫内应用之物。按理说，这考虑得还是周到吧？可是有意思的是，这斋宫从建造完成直到明亡，却未见有任何明代皇帝在此斋戒的记载。不过，祭祀先农坛行天子亲耕礼礼成，在斋宫举行百官庆贺、赐随行官员酒饭和奖赏终亩农夫，倒是进行了若干次。斋宫在不自觉中开启了为明代天子行庆贺礼成的职能。

1644年，清朝入关，代明主政天下。先农坛这一处完美体现农业祭祀主题的皇家坛庙，在清代统治者眼中充满了定国安邦的满满正能量，因此与其他京城内的前明坛庙一起得到完整保护，伴随着休养生息的政治大政，走过了清初的近 80 年光阴。先农坛斋宫，也在仅有的两次清帝光临先农坛祭享先农之神的典礼中，继续扮演着前明时期赋予的功能。

到了清雍正帝登基，雍正帝拿出史无前例的恭敬之心对待手中的权力，敬天恤民，对先农之神的敬祀可谓名垂史册了。他在位 13 年间，亲行祭享先农耕耤礼达 12 次，开创了清代演耕制度，可喂清帝的表率。

雍正帝时为了凸显勤勉恤民，干脆取消了礼成庆贺时的赐百官宴，只保留奖励随行官兵和终亩农夫做法。

乾隆帝即位后，延续雍正帝勤勉敬农事的措施，对先农坛每年不断的祀事不停，自己不能亲自到场，也委派王公代行礼仪。到了乾隆十八年（1753），乾隆帝在亲行祭享先农时，看到偌大的先农坛陈旧不堪，大约自进关以来从没对这处坛场进行彻底的全面的维护，于是心有不安，感觉愧对神明，于是下令这年起重新整修全坛，油饰彩画，落架大型建筑，更换糟朽构件，更新瓦件，改前明木质观耕台为永久性砖石琉璃观耕台，拆除已不使用的先农坛旗纛庙前院，移建神仓。这一系列举措让久已不见生气的先农坛各处焕然一新。乾隆二十年（1755），针对很久以来的先农坛斋宫只做庆贺礼而无斋戒的事实，乾隆帝干脆下令更名斋宫为庆成宫，以示此处行亲耕享先农礼之后的举办庆贺活动之意。

至此，庆成宫之名成为这处建筑群的名实相符的开始。

庆成宫建成后，从未进行过名实相副的活动，却成就了亲耕享先农礼的庆贺之事，就算是这里给历史留下的一个憾事吧。

十六、北京最悠久的现代体育场

董绍鹏

古都北京在近代史上，一直以不太跟进现代化的脚步著称。

话说辛亥革命后，民国政府定都北京，掀起了学习世界先进文化理念经营首都的热潮，这其中有主动的，比如在今天香厂路一带建设新市区，也有因势利导的，利用先农坛内广大空地举办体育场就是一个成功的范例。

民国之初，万物更新，国民在共和思想中沐浴阳光。国外的新鲜事物不断地涌进古老的北京城。那时，体育爱好者们四处寻觅着可以开展足球运动的合适场所，不经意间，大家看到了分布建筑不多但闲暇空地密布的北京先农坛庆成宫南门外的这里。为什么大家看好这里要作为运动场地呢？你们看看先农坛地图就知道原因了：先农坛的进出正门在东面，也就是今天天桥永定门内大街路东侧，进去向南一望无际的大片空地，过了庆成宫院南围墙，再一眼望去一直到先农坛外坛南围墙，中间更是宽阔敞亮的坛内空地。这样的宽广之所，直接就是开展足球运动的最佳场所，甚至都不用重新整治。

因此，那些年北京城内的由民众举办的足球比赛，很多就是在这里开展的。

20世纪30年代中叶，鉴于先农坛庆成宫南作为运动场的各种可能性都早已具备，当时的北平市政府开始计划在这里建造正式的有若干水泥看台的椭圆形现代化体育场。虽然那时北平周围战争氛围日渐浓厚，但建造这座福利市民的工程没受到什么影响，1935年，北平第四任市长袁良决定在先农坛修建北平市公共体育场，定名为"北平公共体育场"。1936年4月进行动工奠基礼，时任北平市长的秦德纯（国民军第二十九军副军长）动了第一锹土，立了一块汉白玉质的奠基碑。这块小石碑至今仍在先农坛体育场正门，也就是位于南外护城河北岸的先农坛体育运动学校大门进门左侧草地上静静地伫立着，成为那段历史见证者。

体育场于1937年建成。1938年春，由伪"北平市政府教育局"批准，委派管理员进驻场内办公。同年4月，在先农坛东门先农门外，正式悬挂"先农坛公共体育场"的匾额。

体育场建造工程由北平公和祥建筑厂承包。北平社会局委派北平市体育委员会委员焦嘉浩及全洒森两人监工。到1937年七七事变前夕，除看台的罩面、安装门窗，以及看台下（运动员宿舍）的地面铺水泥外，其余工程均已竣工。体育场受到当时设计水平的限制，仅能容纳观众约15000人。

作为第一座现代意义上的体育场，建成后的命运从使用上来说还是波澜不惊的，无论是随即开始的全面抗战，还是延续几年的沦陷时期，侵华日军为了笼络人心，制造所谓大东亚共荣圈的政治假象，大凡能够在北平举办的运动会，都要在这里进行开幕式闭幕式和比赛，老照片留下了日伪时期的珍贵镜头形象。

1940年春，日伪华北运输公司占用了先农坛体育场的大部分用来囤积粮食，同时在先农坛东门设门卫，因此来场活动的单位和个

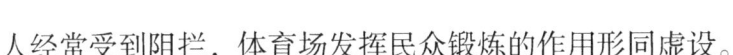

人经常受到阻拦,体育场发挥民众锻炼的作用形同虚设。

只有也只有新中国成立后,先农坛体育场这座古老北京城的首座现代标准的体育场才真正发挥了应有的作用,不仅新中国成立后很长一段时间这里作为国内外重大体育比赛的场所,国家领导人专门来过这里观看体育比赛,像毛主席、周总理,彭德怀、陈毅、贺龙、聂荣臻元帅等等,而且开国大典前的中国共产党建党二十八周年庆祝大会等红色活动,也都在这里留下了永不褪色的痕迹,成为先农坛红色文化的一个重要体现。

虽然20世纪90年代后因为一些原因,先农坛体育场完成了历史使命,逐渐淡出了人们的视线,主要成为体育运动学校存在,但这座在中国现代史上和中国体育运动发展史上都占有重要地位的体育场的历史功绩,值得永远纪念。

十七、先农坛的鹿

董绍鹏

清人喜欢养鹿、食用鹿肉，这是了解清代历史的人知道的。因为进关前的满人过着游猎的生活，养鹿是其中一项经济内容。

进关的满人虽然不像在关外那样坚持古老的经济方式，但对鹿的迷恋仍然作为一个传统在贵族中延续着。比如清帝中的咸丰帝，当年身体一直欠佳，元气不足，就常喝鹿血补充体能，养精蓄锐。电影《火烧圆明园》中梁家辉饰演的咸丰帝，就有个镜头是喝从梅花鹿身上采集的血的……无论有病没病，清帝的养生做法是一套一套的，喝鹿血就是重要的一项养生内容。

根据史料记载，当年给清帝圈养鹿只的场所，还是很有规模的。这一方面因为清朝起源在东三省，那里地广人稀，野生动物资源本来就比关内汉地十八省丰富，满人的渔猎生活经常接触到鹿只。另一方面满人进关前刚刚脱胎于奴隶社会，农业生产不像汉人那样发达，或者说不像汉人那样专注于土里刨食，动物性食物在生活中有一定的地位（自然导致民族彪悍，因为动物性食物丰富了蛋白质来源，而且动物蛋白质更能促进人体健康强壮），对于动物性食物的选择和依赖比较强。因此，除了清朝贵族的木兰秋狝射射箭、捕捕鹿，北京南郊的南苑也养有鹿只，随时供皇家享用。

十七、先农坛的鹿

民国时，先农坛也养过鹿，出现在两个时期。

一个时期是民国初年，那是民国二年元月，作为昔日皇家禁地的先农坛，因为环境优雅安逸，若不作为公园开放，有点暴殄天物，于是北京的市政管理机关京都市政公所请示了民国内政部，决定向广大市民免费开放十天，让市民大饱眼福一番。为了这个首次开放，坛内成立了古物保存所，就在今天太岁殿院的东西配殿，集中陈列着来自全北京坛庙的物品，那时也没有后来的博物馆概念，就是按照类别和所属堆放，东西还是相当庞杂的，甚至不久太岁殿内也这样堆放。当时为了营造气氛，从避暑山庄内运过来数十头梅花鹿，集中圈养在宰牲亭北部的坛区。这也为日后这里成为饲养场打下了地域基础，也可以看作先农坛内地域经济的一个代表吧。

另一个时期是民国中期，也就是20世纪30年代开始的时期。这个时候，全国经济重点已经转移到江南地区，因为民国政府1928年定都南京，北京城的商业一落千丈，昔日热闹的各个行当，随着迁都失去了往日风采，先农坛也不例外，城南公园游人日渐稀少，园内的设施开始陈旧，因为失去日常维护，建筑房屋逐渐破损，慢慢地长满了野草。这个时期，原来的管理单位管理坛庙事务所（坛庙管理处）由北洋政府转归南京政府，后来又下放到北平市，由于国家常年战乱，百业不兴，北平市政府也没有什么足够经费满足城南公园的日常运作。

不过呢，国人都懂得靠山吃山、靠水吃水。先农坛坛内地域空旷，不像其他坛庙那样建筑宏伟且数量众多，因此，坛内空地顺理成章地被分割成很多小块出租。为此，很多药材铺和养殖户拥入坛区，搭建棚子和竹篱笆，把各自承租区域规整地分隔开进行经营，其中就包括养鹿、养蜜蜂、养兔子等养殖。根据史料记载，庆成宫

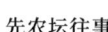

后身到内坛墙之间的空地、神仓院北边到内坛墙之间的空地,以及传统的神厨和宰牲亭以北到内坛墙之间的空地,都用来养鹿。

所谓城南公园,事实上变成了跑马圈地的经济动物养殖园。

十八、名人与北京先农坛

温思琦

要说这北京先农坛,自打民国时期开启了民享、民治、民有以来,那可真是吸引了当时社会各界翘楚前来啊。泰戈尔、鲁迅、徐志摩、林徽因、张恨水、林海音,提起这些人名,哪个不是自己领域内的巨擘。

泰戈尔——相信我的前世一定是中国人

泰戈尔,是享誉海内外的印度大诗人,1913年就获得了诺贝尔文学奖,也是亚洲第一位获得这个殊荣的诗人。泰戈尔对中国和中国人民始终都抱着友好的感情,早在新文化运动时期,他的诗作就被介绍到了中国,影响了几代中国读者。

众所周知,1840年到1842年英国对中国发动了一场侵略战争,这就是震惊中外的鸦片战争。第一次鸦片战争以中国失败并赔款割地告终。中英双方签订了中国历史上第一个不平等条约《南京条约》,中国也从此开始沦为半殖民地半封建社会,鸦片战争同时也开启了中国近代史的篇章。后来的第二次鸦片战争,又使中国丧失了东北及西北共150多万平方公里的领土。

1881年,泰戈尔发表著名文章《鸦片——运往中国的死亡》,

文章里他说"英国坐在亚洲最大文明古国的胸脯上,把病菌似的毒品一点一滴注入她健全的肌体和灵魂,推着他走向死亡",对帝国主义向中国倾销鸦片并迫使清政府割地赔款的罪行给予了严厉谴责,那年泰戈尔年仅20岁。

第一次世界大战时期,日本为了在东亚扩张势力和侵略中国,在1914年对德国宣战,并迅速占领德国在中国山东的势力范围。1916年,泰戈尔在日本发表演讲,谴责日本帝国主义侵略中国山东的罪行。抗日战争爆发后,泰戈尔也是多次痛斥日本帝国主义的侵略行并且曾无限深情地说:"相信我的前世一定是中国人!"

1924年3月,泰戈尔应梁启超、蔡元培之邀到中国进行访问。4月12日首先抵达上海,受到了徐志摩、瞿菊农、郑振铎等人的热情迎接。访问上海后,泰戈尔继续北上,先后到达杭州、南京、济南。4月23日,泰戈尔一行抵达北京,蔡元培、胡适、林长民、梁漱溟、蒋梦麟、熊希龄等文化名人到前门东车站迎接。

4月28日下午3点,泰戈尔应邀于先农坛演讲,徐志摩做翻译。其实本次演讲原先定在天坛的圜丘,但是当时天坛收取门票,而且价格颇高,而听演讲的大部分都是学生,经济不怎么富裕,于是临时改往不收门票的先农坛。当天的《晨报》刊有改变讲演地点的启事,4月29日的《晨报》又有本次演讲的详细报道:"午后二时,即有无数男女学生驱车或步行入坛,络绎不绝,沿途非常拥挤。讲坛设在雩内之东坛(一品茶点社社址),坛之四围布满听众,有两三千人之多。京学界各团体之代表均聚集坛上,天津绿波社亦派有代表来京欢迎,至三时零五分泰氏始到,乘坐汽车至雩坛门前下车,林长民为导,同来者为其秘书恩厚之、葛玲女士及林徽因、王孟瑜女士并梁思成等。"

十八、名人与北京先农坛

泰戈尔在先农坛演讲的全文如下：

吾今日受诸君热烈之欢迎，使吾心中大为感动。盖诸君今日所以欢迎吾者，乃以亚洲民族和平亲爱之精神，及基此精神所发之和声也。吾今所欲告诸君者，为东方文化与西方文化不同之处，及吾人对于东方文化之希望。诸君须知吾亚洲人士受西方人士之压迫，已非一朝一夕，然彼等所用以压迫吾人者无他，体力及智力而已。吾人受西方人士过度之压迫，几自忘吾人所已有之位置，以至西方人士来吾人之亚洲，吾人竟不能以主人之资格欢迎之。吾人不知吾人家中所藏，究有何物，更不知在此家藏各物之中，究竟何者足以为欢迎西方人士之瑰宝，以故对于嘉宾，遂不能有所贡献。然究其实，吾人并非无宝藏，足以结好嘉宾，乃恋眠未醒，不曾正眼自顾其宝藏耳。唯是今吾人有以结好嘉宾之期不远矣。

盖人类乃分期进化者，今吾人已进化至于第三期也。吾人历史之初期，为洪水猛兽时代，在彼时人与洪水战，又与猛兽之爪牙战，以争生存。虽吾人之力，不如洪水猛兽，而吾人因有脑力之故，遂卒战胜之。至于第二期，则为体力、智力战争时代，体力、智力强者，遂征服其较己为弱者。今西方人士正到达于此时代，故彼等所以用为征服一切之具者，均不出于此智力、体力之范围。唯吾东方人士，则已超过此时期矣。吾东方人士今已达于第三期，吾人已霍然醒觉，知体力、智力征服之世界而外，尚有一更光明、更深奥、更广阔之世界。吾人于黑暗寂静之中，已见一导引吾人达于此光明、深奥而广阔之世界之明灯。唯吾人如欲到达此世界，则吾人不可不知服从与牺牲，乃吾人到达彼世界之唯一阶梯。吾人欲得最大之自由，则必须能为最忍耐之服从。吾人欲得最大之光明，则必须能为

最轰烈之牺牲。何则？服从之后，即自由之路，牺牲之后，即光明之灯也。

吾人往者如未破壳而出之雏鸡，虽在壳中，亦非无光明，然其光明乃极小限度之光明，必须破壳而出，乃获一更大之光明。而此日之吾人，即已将破壳而出之雏鸡也。世人对于吾人——譬诸雏鸡，固多疑为不能破壳而得最大之光明者。第吾人则自信必能破壳而出，且到达于真理之最深处。唯吾人尚须有一度之大牺牲耳。牺牲自普通人观之，自是损失。但以吾人所知，则损失初不外肉体之损失，而肉体虽受损失，精神则不受损失，且可因此大损失而得以大利益，此利益为何？即使吾人得以到达最光明之世界是也。总之，未来之时代，绝非体力、智力征服之时代，体力、智力以外，尚有更悠久、更真切、更深奥之生命。吾东方人士今日虽具体而微，然已确有此生命矣。

西方人士今固专尚体力、智力，汲汲从事于杀人之科学，借以压迫凌辱体力、智力不甚发达者，即吾人亦尚在被压迫之中。但吾人如能为最大之牺牲，吾人不久亦即可脱离彼等之压迫矣。此次吾至中国，吾深感中国乃一至奇异之国家，中国有如许绵延不绝之历史及伟大悠久之道德，而其道德又适为牺牲之道德，恰如吾人想像中之一国家。此为吾所最感动而欣喜者。而今日诸君之热烈欢迎，则尤为吾之所感谢不已者。

鲁迅——哪里有天才，我是把别人喝咖啡的工夫都用在工作上的

鲁迅（1881年9月25日—1936年10月19日），原名周树人，字豫才，浙江绍兴人，中国伟大的文学家、思想家、革命家。我想只要是经历过九年义务教育的人，应该对这段描述并不陌生吧。

十八、名人与北京先农坛

1918年4月,在《新青年》第四卷第五号刊载了鲁迅先生写的小说《狂人日记》,小说揞击家族制度与礼教的弊害,被视为文学革命思想革命之急先锋,而这本小说也让鲁迅这个名字一夜之间红遍大江南北,这一年鲁迅已经37岁。所以后来我们一提起鲁迅的大名,想到的无外乎就是阿Q、孔乙己、祥林嫂这些耳熟能详的先生笔下的人物,想到的是"横眉冷对千夫指,俯首甘为孺子牛"。其实,鲁迅在没有出名前还有另一重身份,自1912年起在教育部社会教育司任职,并工作了长达6年的时间,直到1918年。这职位就相当于咱们今天说的国家公务员了。那在这6年的公务员生涯中,鲁迅都做了什么呢?这又跟先农坛有什么联系呢?

1912年,留日归国的鲁迅在绍兴一所学堂当教员,教员这份工作在当时薪水不是很高,完全不够家庭开销,因此在好友许寿裳(1883年—1948年2月18日,字季茀,号上遂,浙江绍兴人,中国近代著名学者、传记作家)的引荐下,鲁迅得到当时任职教育总长蔡元培的邀请在教育部做了一个佥事,相当于现在我们说的科长了。

鲁迅任职的社会教育司主要负责社会文化以及自然科学工作。在其任职期间,鲁迅于1913年2月的《教育部编纂处月刊》上发表了《拟播布美术意见书》,特别强调要加强自然保护工作:"当审察各地优美林野,加以保护,禁绝剪伐;或相度地势,辟为公园。其美丽之动植物亦然。"同时鲁迅在意见书中还强调文物保护:凡著名的建筑,如伽蓝宫殿"所当保存,无令毁坏","其他若史上著名之地,或名人故居、祠宇、坟墓等,亦当令地方议定,施以爱护,或加修饰,为国人观瞻游步之所"。

辛亥革命后,民国政府成立礼俗司,统一管理各皇家坛庙,并将坛庙管理所设于先农坛神仓。清帝退位后,普通市民对这些原本不能踏足的皇家坛庙有着极大的好奇心，经常私自进入游玩，因此就有不少人开始呼吁要将这些皇家坛庙开放成公园供市民游玩。民国政府开始筹办此事，但是各部门对此却有不同设想，农林部建议将天坛改为林艺试验场、先农坛改为畜牧试验场，拱卫军提出要在先农坛建军械库，而京师议会希望将天坛与先农坛改为公园开放。为了推进相关工作，教育部派鲁迅等人去天坛、先农坛等地考察，看究竟怎样更改合适。于是鲁迅在1912年6月14日这一日"午后，与梅君光羲（1878年—1947年，字撷芸，江西南昌人）、胡君玉缙（1859年—1940年，近现代文学家、学者。字绥之，江苏苏州人）赴天坛及先农坛，审其地可作公园不"。正是在鲁迅等人的努力下，1912年12月26日，为纪念中华民国成立一周年，内务部古物保存所宣布自1913年1月1日开始将天坛、先农坛免费开放十天，引起京城巨大轰动，当时的报纸上记载了这一盛况，一路上"红男绿女，扶老携幼，纷至沓来，其一种欢欣鼓舞如痴如狂之态，实有非笔墨所能形容者。殆所谓如鲫如蚁，车水马龙，不过如是也"！素来看重文物保护的鲁迅自然不会错过这次机会，因此元旦当日，鲁迅就约上友人许寿裳以及杨仲和等人一起到先农坛游览参观，奈何人太多，那真是人山人海，加之鲁迅先生161厘米的身高，因此这次游览只剩下看人头了。结果几人还走散了，等着鲁迅先生回头找杨仲和，也是找不到了。鲁迅日记当中是这样记这件事的："正月一日晴，暖。上午得二弟信，去年十二月二十六日发。午后同季市游先农坛，但人多耳。回看杨仲和，未遇。"想必鲁迅先生当时是极不开心的，好好的元旦例假，结果什么也没看到。

正是先农坛这次为期十天的免费开放，将其正式辟为公园的呼吁就更多了："京都市内，面积如此之大，人口如此之多，仅仅一处中央公园，实在不足供市民之需要。因为中央公园，设在前门里头，仅便于内城一带居民，而于南城外头，有城墙阻隔，终觉不便。"南城当时是北京市民最密集的聚居地，向来以繁华著称，但是这里除了陶然亭之外，其他的名胜古迹，不是在郊外，就是在寺观园囿之内，缺乏天然风景。因此鲁迅等人在考察先农坛后更是呼吁："惟先农坛内，地势宏阔，庙宇崔嵬，老树翁郁，杂花缤纷。其松柏之最古者，求之欧美各邦，殆不多觏，洵天然景物之大观，改建公园之上选也！"于是，1915年的端午节，北京南城的第一座平民公园终于正式向市民开放，命名为先农坛公园，门票为一枚铜圆。

林海音——让实际的童年过去，心灵的童年永存下来

"长亭外，古道边，芳草碧连天。晚风拂柳笛声残，夕阳山外山。天之涯，地之角，知交半零落。一壶浊酒尽余欢，今宵别梦寒。"不知道这首由李叔同填词的《送别》一歌当它的旋律响起时会勾起多少人的回忆。

提起这首歌，它曾作为20世纪80年代的一部电影《城南旧事》的主题曲而传遍大江南北。《城南旧事》这部电影是根据同名小说改编，小说作者是著名作家林海音女士。

林海音（1918—2001），原名林含英，1918年出生于日本大阪，中国台湾苗栗县头份镇人，祖籍广东蕉岭，著名作家。1921年林海音随父母返回中国台湾，1923年随父母迁到北京，定居北京城南。1948年回到中国台湾后开始文学创作。《城南旧事》就是她根据自己小时候在北京南城生活的经历于1960年创作完成并出版的自传体小说。小说中处处都充满了作者对于自己童年的怀念以及对于北京城南的思念。林海音童年在北京的住处大都集中在琉璃厂、虎坊桥

范围内。

　　林海音后来在她自传中曾回忆说："母亲时代的儿童教育和我们现代不同，比如妈妈那时候交给老妈子一块钱，叫她带我们小孩子到城南游艺园去，便可以消磨一整天和一整晚……多少年后，城南游艺园改建了屠宰场，偶然从那里经过，便有不胜今昔之感。"让林海音无限怀念的"城南游艺园"就建在先农坛北外坛的空地上。

　　1917年北京仿效上海的大世界，在天桥以西的香厂地区建了一座外形像轮船一样的五层楼的新型综合游乐场——新世界游艺场，开业后生意极为兴隆。而提起城南游艺园，许多一直居住在天桥的老人还对它有印象。民国初年先农坛北外坛这一大片区域古木森森，不见建筑。这块闲暇之地就被广东商人彭秀康看中，有意效仿新世界，于1918年开办了城南游艺园，广设茶社、饭馆、戏楼、酒肆、杂货摊、跑马场等，与香厂路的新世界一道，成为南城重要的平民游乐场所。城南游艺园可谓应有尽有，游人趋之若鹜，齐白石也曾带友人前来这里游玩。可惜好景不长，1928年，随着民国政府迁都，城南游艺园逐渐萧条，不久就倒闭了，并且还一度成为屠宰场。作家许地山（落花生）来到如此萧条的先农坛后不禁感慨，从前在坛里唯一新建筑"四面钟"，如今只剩一座空洞的高台，古柏依旧，茶座全空。大兵们住在大殿里，很好看的门窗，都被拆作柴火烧了。

十九、原来这里也叫地坛

陈媛鸣

在明嘉靖三十九年（1560）张爵所著的《京都五城坊巷胡同集》首页所绘的总图中，永定门内东侧为天坛，西侧为地坛（今天先农坛的位置），书中还记载："地坛即山川坛，周六里，内有先农坛耤田，在永定门内街西。""安定门外北郊方泽。"看到这里，不禁有人会问：这张图是不是写错了？地坛不是在安定门外吗？地坛怎么会是山川坛呢？其实还真不是张爵书中写错了，这其中的原因要从明代对祭祀制度的一系列调整说起。

经历了元朝近百年的少数民族统治后，很多汉家的祭祀制度已杂乱无序，朱元璋为了稳固政权，彰显政权的合法性与正统性，于是考据前代祭祀礼仪，极力恢复唐宋礼仪制度。元至正十二年（1367）八月，朱元璋在南京正阳门外修建了用于祭天的圜丘，在太平门外修建用于祭地的方丘。两坛分别位于钟山的一南一北，以对应其各自一阳一阴的属性。

没过多久，朱元璋认为天地分开祭祀，在人情上有所不安，应把天地合为一处，于是将天地分祀改为天地合祀。在圜丘旧址建大祀殿，用来供奉上帝和皇地祇。朱棣迁都北京，延续了南京这一坛庙制度和格局。直到嘉靖年间，因嘉靖帝特殊的身份，为了达到自

己的政治目的，开始对典章制度进行大量调整，想要再改回洪武初年南北两郊分祀天地的格局。大臣们对于这一调整意见不一，有的人支持，有的人反对。而支持分祭的一部分大臣主张以山川坛作为方丘，认为这样没有新建坛场的麻烦，在礼制上比较方便。由此可见，把山川坛称为地坛并不是张爵《京都五城坊巷胡同集》中的错误，也不是空穴来风，而是在政治层面确实早早有过这般考虑。但嘉靖帝认为南郊祭天、北郊祭地是自古以来郊祀选址的重要依据。如果把山川坛作为方丘，就变成了天地一东一西祭祀的格局，不符合一直以来的传统。这种观点也仅仅只是大臣个人想法，不足为据。最终这一提议并没有被采纳，嘉靖九年（1530）五月在安定门外北侧修建方丘。"方丘"便是今天我们所说的地坛，是明清两朝皇帝祭祀皇地祇的场所，在古代也被称为方泽。

天神地祇诸神明初即配享于南京大祀坛，后供奉在大祀坛西侧的山川坛正殿之中。同样是嘉靖九年（1530），嘉靖帝在北京山川坛的南侧辟建神祇坛，天神坛在东，地祇坛在西。天神、地祇诸神从山川坛正殿内又被分别请到这里祭祀。同年十一月，嘉靖帝正式为郊坛定名，南郊之东坛名为天坛，北郊之坛名为地坛，东郊之坛名为朝日坛，西郊之坛名为夕月坛，南郊之西坛名神祇坛。这或许是天神、地祇诸神的最高光时刻，也是地祇诸神最广为人知的时刻。

嘉靖十三年（1534），再次定名圜丘为天坛，方泽为地坛。有大臣认为自古以来的规范称呼就是"圜丘""方泽"，不可以仓促改名。建议祭祀祝文里依然称为圜丘和方泽，而公务文书中可称为天坛和地坛。这么看起来，和"圜丘"与"方泽"比起来，"天坛"与"地坛"的称呼在严肃性上好像稍逊一筹。现在我们所说的地坛在明代官方编修的典籍中更多时候还是被称为"方泽"或"方丘"。

十九、原来这里也叫地坛

或许正是因为"地坛"这一称呼的严肃性不够,使用频率不高,但是嘉靖时期又同时出现了"地坛"和"地祇坛"两个相近的名称,人们便将有地祇坛的山川坛称为了"地坛"。将"山川坛"称为"地坛"的说法很少在明代官方编修的典籍中出现,是在嘉靖年间才开始出现在各种非官修的典籍中。《南明史》记载沈胤培在讨论北郊祭祀的疏言中直接指出:当时俗所称地坛,并非地坛。也就是说,此时所说的地坛并不是北郊方泽。《太常续考》中提到:山川坛"俗呼"地坛,也说明了这种说法并不是官方行为,只是人们的习惯叫法。

不管是方泽坛,还是山川坛,都是曾经的皇家禁地,寻常百姓是无法踏足其中的,自然对坛内供奉的神祇不太了解。两处都祭祀五岳、五镇、五陵山和四海、四渎这些地祇之神,一般老百姓也难以区分两处祭祀的神有什么具体不同。人们道听途说,非常有可能一知半解地将两处混淆。一传十,十传百,时间长了,就习惯性地都将山川坛称为地坛了。人一旦形成习惯,是很难再改掉的,直到清朝晚期,这种叫法依旧存在。如此看来,把山川坛或者先农坛叫作地坛的行为,只是历史上一个张冠李戴的误会而已。

二十、山川井的讹传

董绍鹏

在北京先农坛，水井一直是个让人感到不解的问题，因为敬神仪式需要水，坛内日常的维护也离不开水。我们查看北京先农坛明清历史资料，除了在太岁殿建筑群西部的神厨建筑群内有两座井亭能够显示这里有水井外，再就是神厨西墙外宰牲亭前方的山川井、庆成宫院内东北侧的一口井。偌大的先农坛，有据可查的只有这四口水井，能不让人们感到不解吗？

作为明清先农坛的附属建筑，神厨院外西侧的山川井，在民国初年就已坍塌，没有留下任何形象资料，我们只能猜测。从《清雍正会典》中简单的形象绘制，结合天坛北神厨水井形象，我们推测的先农坛山川井应该是这样一个形象：

在与地表基本齐平的石质井口东西两侧，各竖立着两块巨大的石板，石板顶部开有卧槽，上横卧着辘轳。

你们看，皇家的井其实与民间的井没有本质区别，或许只是用材更精良些吧。

《春明梦余录》的"……宰牲亭，南为川井，即山川坛旧井，有龙蛰其中"，独树一帜地首开有龙蛰伏山川井的说法，清代和民国的一些笔记野史也随之附和，比如写成于20世纪20年代中后期的

《先农坛志略》。有意思的是，民间盛传的山川井蛰龙的"龙"至今连个鳞片也没见到。

老北京民间过去有传说："北京城有三个海眼，海眼里大铁链拴着恶龙，铁链拉上来拉不完，拉完了，就会海水倒灌。"看来，这先农坛山川井有蛰龙的传说流传度不是很广，不过是旧时市井中人们对于不能看到的一些建筑抱有无限好奇，因而导致以讹传讹、夸大猜想的茶余饭后的谈资罢了。

二十一、"刘罗锅"也来过先农坛

李 莹

在北京先农坛作为皇家坛庙几百年的历史中,有不少名人曾来此打过卡。乾隆五十四年(1789),著名的"刘罗锅"就曾经以吏部尚书的身份,来到先农坛参与乾隆皇帝亲耕享先农这一盛大的国家祀典。

刘墉,字崇如,号石庵,又号香岩、日观峰道人、石庵山人、天香室道人等,是清代乾隆、嘉庆时期著名的政治家、书法家和诗人,民间戏称为"刘罗锅"。刘墉入仕较晚,于乾隆十六年(1751),30多岁的他以恩荫参加会试,中为进士,任翰林院庶吉士。他一生为官50余年,乾隆四十七年(1782),当时已经63岁高龄的刘墉才正式到京师供职,担任督察院左都御史。根据史料记载,刘墉进京供职后,乾隆皇帝一共亲自进行了三次亲耕享先农典礼,分别在乾隆四十七年(1782)、乾隆五十年(1785)以及乾隆五十四年(1789)。因种种原因,刘墉直到1789年作为吏部尚书,来到先农坛参加典礼,这也是乾隆皇帝最后一次来先农坛行亲耕享先农礼仪。值得一提的是,典礼之后没几天,因为负责教皇子的上书房诸师傅连续七天没有入值,时任协办大学士、上书房总管的刘墉被乾隆皇帝降为侍郎衔,免兼南书房、吏部尚书、协办大学士。尽管后来刘

二十一、"刘罗锅"也来过先农坛

墉又曾被任命为尚书职,但是却因遣官行礼等原因,没有机会同皇帝随行来先农坛参加亲耕大典。

当然并不是所有名人都能够参加如此隆重的国家典礼,清代对参与皇帝亲耕享先农礼仪的人有着严格的要求。按照清代礼仪程序,皇帝的亲耕大典安排在祭祀先农神之后举行。大典经过严格的筹划和周密的准备,礼仪隆重而肃穆。皇帝不仅要亲自耕种,劝课农桑,皇帝亲耕后,三王九卿还需要从耕。三王即三位亲王,九卿即六部尚书与督察院都御史、大理寺卿和通政使司。若九卿不能参与典礼,可遣下属官员前往。那么这些官员是怎样行亲耕典礼的呢?

根据史料记载,在亲耕大典前一个月,礼部奏请亲耕和从耕的三公九卿官员名单。亲耕前三日,鸿胪寺官员在先农坛耤田两侧标识好从耕官员的位置。经过一系列严密的准备,亥日,皇帝来到先农坛行亲耕享先农典礼。按照礼仪程序,皇帝先行祭祀先农礼仪,后至耤田行耕耤礼。皇帝亲耕时,三王九卿依次于耕耤位站立。皇帝亲耕结束之后,户部尚书、顺天府尹结果皇帝手中的耒和鞭,放在龙亭内。吏部尚书奏请皇帝至观耕台观看三王九卿从耕。皇帝在太常寺官员的引导下登上观耕台,天下王工百官、顺天府尹率属和耆老农夫,向皇帝行三跪九叩之礼。随后,从耕的三王九卿依次接过耒和鞭,由耆老一人牵牛,农夫二人扶犁,三王五推五返,九卿九推九返。礼成后,由顺天府尹带领大兴和宛平两县官率领耆老农夫完成耤田的全部耕作。礼部尚书耕耤礼成,皇帝起驾回宫,各官依次退回。由此可见,能够来到北京先农坛参加如此隆重的典礼,不但要求他们有一定的身份,同时也要求他们有良好的身体,能够坚持完成如此隆重的典礼。

尽管如此,先农坛还是留下了很多名人的足迹,比如刘墉的父

亲刘统勋，曾经先后四次以左都御史和刑部尚书的身份，来到先农坛参与亲耕大典。此外，还有康熙朝的明珠，雍正朝的隆科多、张廷玉，咸丰朝的奕䜣、肃顺以及光绪朝的翁同龢等等。

二十二、恭亲王奕䜣的祈雨

李 莹

恭亲王爱新觉罗·奕䜣，道光帝的第六子，经历了道光、咸丰、同治、光绪四朝，在晚清政治舞台上发挥了举足轻重的作用。咸丰朝，恭亲王奕䜣曾经两次随同咸丰皇帝来到先农坛参加亲耕享先农大典。此外，恭亲王奕䜣在光绪四年（1878）二月至三月之间，还曾三次来到神祇坛分别恭祀地祇坛和天神坛。

地祇坛和天神坛合称神祇坛，始建于明嘉靖年间。位于北京先农坛建筑群内坛南部，四周壝墙环绕，南侧有神祇门。东为天神坛，内有云纹石龛四座，南向，祭祀云师、雨师、风伯、雷师。西为地祇坛，北向石龛五座，其中山形纹饰三座，祭祀五岳、五镇、五山；水形纹饰两座，祭祀四海、四渎。地祇坛东、西从位石龛各两座，分别祭祀京畿山川、天下山川。

古人崇拜自然，他们认为风、云、雷、雨和山、川这些自然现象都是具有生命、意志、灵性和神奇的能力，是有灵魂的。人们希望通过祭祀行为，对神灵施以影响，祈求这些神灵能够满足人类风调雨顺、五谷丰登、生活幸福等美好愿望。中国作为一个以农耕农业为主的农业国家，农业生产长期依赖大自然的恩赐，农作物的丰歉、甚至绝收，牲畜的生长或是死亡，都直接取决于大自然的气候

环境。因此凡是影响着农业收成和牲畜生长的自然物都成为人们崇拜的祭祀对象。古人认为风、云、雷、雨和山、川等都是关系农业生产的神灵，人们希望通过对他们的崇拜，来年风调雨顺，庄稼能有好收成，统治者希望通过祭祀这些神灵，使农民能够获得丰收、安居乐业，自己的统治长治久安。

清代规定，凡是每年遇到旱时进行祈雨，要遣官祈告天神、地祇、太岁，"岁旱祈雨""雨潦祈晴""冬旱祈雪"时，均要致祭三坛。一般情况下，由皇帝遣官告祭，皇帝不亲自祭祀。

作为朝廷大典的岳镇海渎的祭祀，在遣官祭祀的前一日，被派遣之官需要在府邸斋戒一日。祭祀当天，天未亮，祭祀官以及相关官员就要来到地祇坛前等待祭祀典礼的举行。天刚亮，太常寺卿现行到神库上香，太常寺官员行三跪九叩礼之后，请岳镇、海渎诸神位入地祇坛。五岳居中，五镇在右，五陵山在左，四海次右，四渎次左；京畿名山居东，大川次东；天下名山居西，大川次西，均西向。神位安置好之后，这些官员需再次向神位三叩首，并退出地祇坛。此时的地祇坛已经一切就绪，告祭礼仪即将开始。赞礼郎引导承祭官入地祇坛，承祭官盥洗后，来到地祇坛台阶下。鸿胪寺序班引导陪礼官至地祇坛内坛墙北门外。伴随着典仪的一声"乐舞生登歌"，各官员各就其位，武舞生执干戚进，司香奉香进。典仪赞："迎神。"顿时，《祈丰之章》响起，承祭官登上地祇坛，至各神位香案前上香，行三跪九叩礼。随后，典仪赞："奠帛、爵，行初献礼。"此时，奏《华丰之章》，舞干戚之舞，奉帛、爵于神案前，分别行三扣礼。司祝官读祝文。等奏乐停止，典仪赞："行亚献礼。"奏《兴丰之章》，舞羽籥之舞，司爵分别在神位的左边献爵，行三扣礼。随后，典仪赞："行终献礼。"奏《仪丰之章》，司爵分别在神位的右边

二十二、恭亲王奕䜣的祈雨

献爵,行三叩礼。一切结束后,典仪赞:"彻馔。"奏《和丰之章》,有司彻馔。之后,典仪赞:"送神。"奏《锡丰之章》,百官行三跪九叩礼送神。最后,由官员将祭祀的祝文、帛送到瘗所。承祭官将祝文、帛焚化。

如此繁复的仪程,在光绪四年(1878)二月到三月之间连续上演了三次。这段期间到底发生了什么事情,让恭亲王奕䜣频繁地来往于紫禁城和先农坛之间呢?

1875年,年仅四岁的爱新觉罗·载湉登基,成为清朝的第十一位皇帝,年号光绪。光绪帝继位之初,中国华北地区就发生了一场罕见的特大旱灾,从光绪元年(1875)一直持续至光绪四年(1878),又以1877年、1878年最为严峻。因1877年为丁丑年,1878年为戊寅年,因此这场灾荒史称"丁戊奇荒"。同时,又因山西、河南两省灾情最为严重,又称为"晋豫奇荒"。灾害涉及山西、河南、陕西、直隶、山东、江苏北部、安徽北部、甘肃东部以及四川北部等多地。时任山西巡抚的曾国荃称之为"二百余年未有之灾"。在这连续几年的灾荒之中,百姓受到天灾的严重袭击,根据史料记载,仅山西一省一千六百万居民中,就死亡五百万人,还有几百万人口逃荒或被贩卖到外地。

面对如此严重的灾荒,清朝统治者虽然也采取了开仓平粜、设立粥厂、捐廉救荒、减缓赋税等措施,但是更多地将救灾寄托在这些神灵的身上,他们认为救灾"首曰诚祈",于是就有了恭亲王两个月之内连续三次在神祇坛告祭。

除了天神坛和地祇坛之外,北京城内的大高玄殿、风云雷雨庙、黑龙潭、清漪园的龙神祠、静明园的龙神祠等地,也都留下了皇帝及官员虔诚祈祷的身影。

二十三、先农坛古树的沧桑

董绍鹏

作为皇家坛庙,坛内空隙之地种些树木,以营造祭祀活动需要的肃穆诚敬意境,是必需的做法。

北京先农坛自建成后,沿袭洪武帝南京山川坛时的做法,在山川坛墙内南部隙地种植不少松柏。而坛外之地顺其自然,东侧引水种植稻谷。明嘉靖帝时给北京城营造外城,这也使当时位于北京城外南郊的天坛、先农坛正式纳入城市范畴。为了管理方便,嘉靖帝下令以正阳门—永定门为中轴,左右对称,天坛、先农坛建外坛墙,天坛正式将神乐观、先农坛正式将斋宫,围入各自外坛墙内,形成延续至今的各自四至范围格局。只不过民国时先农坛北外坛被强行废去,成为今日市区一部分,历经了百年的沧桑。

因为建成外坛墙,原来的山川坛范围就成为内坛。而新出现的内外坛之间隙地,变成先农坛户耕作种植祭享京城各处坛庙所用的蔬菜粱麦之地。坛户们经常挑肥挑水施灌坛地,一年四季也算是不亦乐乎。这种生活持续到了清代乾隆帝时期,乾隆帝看到先农坛陈旧不堪凸显破败,百年未曾修饰,感觉对神祇大有不敬,于是下令于乾隆十八年(1753)开始对全坛进行大修。这同时,又觉得老农成日挑肥灌溉外坛墙内隙地,于神坛严肃的敬祀环境不雅观,于是

二十三、先农坛古树的沧桑

下令坛内隙地不再种植粱麦蔬菜等供京城坛庙祭祀活动之物，撤销了大多数的坛户，代而种植松柏槐榆，尤其北西、西南几个方向，最多时大约有上千株。这些树木，构成了全坛敬肃的敬神活动环境。

这些古树与坛内既有建筑一起，构成了全坛文物古迹遗迹的物质内容。

时间到了民国，坛内古树仿佛跟古坛一样进入了时运不济时期，开始了百年沧桑的历程。

根据民国报章记载，北外坛随着坛地被快速无可挽回地蚕食，地面上种植的一百多年的树木，不是被砍伐作为木柴被出售或者拿走，就是被砍伐制成板材或者建筑材料销售。1920年前，由于这里被辟为城南公园，还有象征性的维护，现象并不严重。1920年开始，北坛墙逐渐被拆除成为一段一段的不连续存在，这里的管理越来越失序，到了20年代中期，竟然出现些有胆量的市民偷偷随意砍伐，而作为城南公园也迫于经济压力，也随波逐流地进入砍伐售卖大军的行列。民国那时就有报纸报道说，当时的市议会议员质问北京市政府和民国内务部，为什么公然倒卖先农坛古树以及不加以制止。大概，国家的战乱连人都不知明天如何生存，还能有谁去管这些树木的命运呢？做了建筑材料，甚至变成故人用的棺材板，也都是能想象的事了。

百年的风风雨雨，先农坛的古树已经成碎片化的存在。目前，散落在昔日坛区范围内的古树，已经作为国家列为保护对象登记在册，大致以内坛地区和神祇坛区为主，所存不过历史上的十分之一。它们挺过了百年来的沧桑历程，很快就要随着坛区的复苏，随着先农坛在中轴线申遗中的全面复苏，而进入全新的历史时期。这些古树和坛内建筑一起，成为历史的见证。

二十四、说说城南公园

董绍鹏

说起民国时期的北京先农坛,就不能不说城南公园。很大程度上,城南公园就是民国时期先农坛的代称。

话说民国时期的北京城,尤其是民国初年,那是相当具有追求新鲜事物的社会风气,从创建新南城,规划位于今香厂路一带的新市区,到全市讨论选择前清皇家坛庙园囿开辟为民众游玩之处的公园设施,上上下下考虑得还是很为周到的。那时,民国内务部管理着京城坛庙,社会呼声和向文明国家看齐的愿望,促使着内务部考虑着手中的资源如何转化为为公众服务。因前清的坛区内松柏林立,环境优雅,古色古香,将它们变为公园是京城建设的合理选项内容之一。

1915年,京城的第一座公园——社稷坛的中央公园正式开放。随后,先农坛的先农公园也面向市民开放了。坛内整修的道路,在观耕台上搭设了玻璃观耕亭一座,作为照相馆出租,招揽游客。原来内务部在太岁殿院开办的古物陈列所,也作为坛内标准的文化内容展示面向社会展出。一时间,来坛内游览的人群不绝。北京市政当局有意扩大先农公园宣传力度,把不少社会活动迁移至先农坛举办,比如当时比较有名气的国货展示会等,就是在太岁殿院举办的。

二十四、说说城南公园

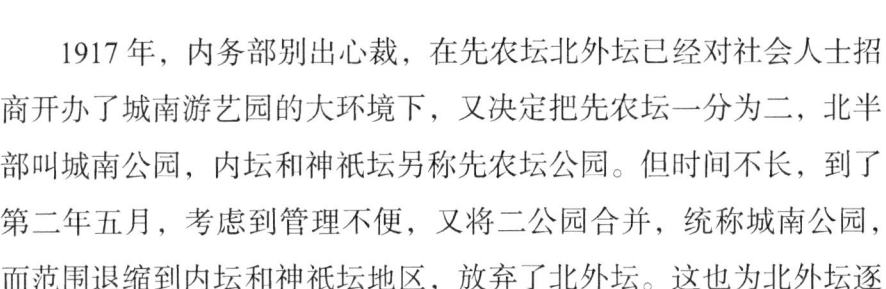

1917年，内务部别出心裁，在先农坛北外坛已经对社会人士招商开办了城南游艺园的大环境下，又决定把先农坛一分为二，北半部叫城南公园，内坛和神祇坛另称先农坛公园。但时间不长，到了第二年五月，考虑到管理不便，又将二公园合并，统称城南公园，而范围退缩到内坛和神祇坛地区，放弃了北外坛。这也为北外坛逐渐成为市区一部分打下了伏笔。

这是1918年的事。

从此，城南公园正式成为南城仅次于天坛的第二大公园。

城南公园在国都南迁之前，应该还是处于比较活跃的状态。坛内各处空地，陆陆续续都有了一些新功用，搭建俱乐部，辟建花池，公园管理部门还制订出计划，拉来圆明园奇石，找来碑碣，甚至还想把原来外坛东北已经坍塌的天桥乾隆时代石幢"皇都篇""帝都篇"，搬运到坛内北门道路旁，重新搭建起来作为景观。

这些公园建设的打算，有的实现了，有的搁浅了，比如天桥乾隆时代石幢"皇都篇""帝都篇"，就因此在进入北内坛门（城南公园正门）内不远处的草地上扔了将近20多年，在"十年动乱"中埋入地下，直到2005年才又重见天日，进入市民的视线。

城南公园在20世纪三四十年代，因为国都南迁，进入衰败时期。除了举办零星的社会活动，比如民国植树节，就是把坛区租给各界人等开展经济活动，地块能分割成几十块出租，要么借给学校举办主题活动等。据史料记载，20世纪30年代时期京城不少大中药铺都在先农坛有自己的"势力范围"，其中养鹿是主要内容。

七七事变以后，虽然还以公园开放，内容几乎与事变前相同，但衰败程度进一步加剧。

这期间，因民国北京的坛庙管理单位"管理坛庙事务所"办公地自民国初年就设在了先农坛的神仓院，因此很大程度上先农坛也变成坛庙事务所筹措经费的自家花园，坛内分割出租的收入用来补偿事务所日常经费的不足。而门票收入本来就无法抵销开支，在每年公园运转经费里所占的分量很低。这种窘况，一直持续到新中国成立。

1949年7月，北京和平解放半年之久了，中共华北局安排西柏坡的延安保育院小学和华北大学一部分，先后进入城南公园，借用场地作为学校使用。1950年10月，城南公园被撤消，公园整体归并到天坛公园管理，包括管理坛庙事务所的资产。

从此，城南公园结束了35年作为公园的历史，彻底消失在北京市民的视界。

1952年，先农坛的管理单位北京天坛公园，在北京市政府的主持下，与北京育才学校签署了将内坛区和神祇坛区正式转给学校作为校区的协议。从这一年，北京育才学校正式成为先农坛前述区域的所有者、使用者，直至1988年才开始将坛区的古建筑移交给文物部门。

二十五、地祇坛的尴尬

温思琦

可能当大家看到这个题目的时候会产生一个疑问,什么是"地祇"?我只听过"神祗"。其实,"神祗"这个词也是大家以讹传讹的结果,是不正确的。错就错在"祗"这个字上,右边最后多了一个"点",本应是"祇"字,组成"神祇"一词,是天神和地祇之意。"天神"一词我们好理解,就是天上的诸神,包括风云雷雨等。那什么是"地祇"呢?地祇其实没那么难以理解,就是与天神相对的泛指地上所有自然物的神灵,包括土地、社稷、岳镇、海渎、山川等等。岳镇,是中国古代山岳神的代表,而海渎是中国川泽神灵的代表。

在北京先农坛内坛之南,原本矗立着两座不怎么被世人所熟知的祭坛,东侧是天神坛、西侧是地祇坛。这两座祭坛并不是同先农坛一同修建的,而是晚了那么个100来年,修建于明嘉靖十年(1531)。

嘉靖帝为什么要修建这么两座祭坛呢?这还要从我国古人的朴素的自然山水崇拜说起。

我们的祖先在原始社会时,因为生产力低下,认知能力也不怎么高,生存的自然环境又特别恶劣,就认为自然界中天气的变化、

粮食的丰收、生老病死一切的一切都有一个看不见的神来掌管，不存在着纯自然现象，只有超自然力统治着自然界，因此他们崇拜神灵，形成了万物有灵观。当遇到干旱、洪水、疾病等影响自身生存时，他们通过祭祀趋吉避凶，以祈求上天，保佑他们得以生存和种族延续。所以对于诸多地祇的崇拜，其实就是自然山水的崇拜，体现着朴素的唯物世界观，蕴含着万物有灵的自然崇拜理念，没有其他意图。但是随着封建王朝的建立，统治者就以虚实相间的祭神观及祭祀活动来实现人间的政治企图。中国自古就是一个多山川的国家，古人对岳镇、海渎等高山大川的神灵崇拜观念和祭祀行为由来已久，作为人们崇拜的地祇诸神，统治者又怎么会放过呢？

北京先农坛内的地祇祭祀，主要祭祀的是岳镇、海渎、五山、天下名山大川以及京畿名山大川。

"岳"为山中的大山之意。以我们熟知的五岳最为典型，分别为东岳泰山、西岳华山、南岳衡山、北岳恒山、中岳嵩山。相对五岳来说，五镇就稍显陌生，但镇山的地位在我国历史上仅次于五岳。"镇"有安定之意，古时称一方的主山为镇，因此镇山就是安定一方的主山。五镇分别为东镇沂山、南镇会稽山、中镇霍山、西镇吴山、北镇医巫闾山。

古人对水的崇拜，起源于对水的依赖和恐惧。水，自古与人类的生活和繁衍密切相关，水是生命的组成、农业的命脉，海洋、江河湖海能带给人类丰富的物产资源，水还关系着人类的繁衍与生存。在远古生产力水平低下的状态下，人们在洪水等自然灾害面前无能为力，只好祈求看不见的水神来保佑免除水患，随之出现了水崇拜。正因为水与人类生存和农业息息相关，因此人类无法远离水源，自古就会逐水而居。水在大自然中以江河湖海的具体形式，成为人们

二十五、地祇坛的尴尬

需要面对的水的具体存在，这也就是海渎的具体指向内容。四海，是我国古时所指东海、南海、北海、西海。四渎，具体指代的是长江、黄河、淮河、济水。

五山这一说法直到嘉靖帝时才有，分别为基运山（祖陵）、翊圣山（皇陵）、神烈山（孝陵）、纯德山（显陵）、天寿山，具有十分清晰的政治意图。清代五山分别为启运山、天柱山、隆业山、昌瑞山以及永宁山。前三山均为满人入关前的祖陵，后二山则是入关之后的帝王皇陵，其中永宁山为现在清西陵所在地，乾隆皇帝的父亲雍正帝的泰陵即位于此处。

我国各代还不断地对岳镇、海渎的含义进行完善丰富，在完善过程中，岳镇海渎逐渐由其所简单指代的自然山川被深远的政治寓意所取代，并与国家政权紧紧地联系在一起，意指国家的四至所含，成为中华政权国家的具体指代内涵之一。封建统治者对岳镇、海渎的重视，到封建时代的末期明清两朝，达到顶峰。

1368 年，明太祖朱元璋定都南京建立明王朝。明成祖朱棣永乐十八年（1420）完成新都北京的营建，于永乐十九年（1421）迁都北京。明代，岳镇、海渎的祭祀活动作为国家重要的典章内容有了空前发展。洪武时期的南京以及永乐定都的北京，甚至连没有真正投入使用的安徽凤阳的明中都，都建有山川坛，用来供奉和祭祀岳镇、海渎之神。

永乐帝迁都北京之后，"悉仿南京旧制"，在京城南郊西侧修建山川坛，相较南京山川坛仅是高、敞、壮丽过之，而坛庙格局以及祭祀诸神并未改变，只在正殿钟山之神右侧增祭天寿山之神。天寿山位于现今的北京市昌平区北部，是明代皇陵十三陵的所在地。这时的山川坛格局为正殿七间，祭祀太岁神、风云雷雨诸天神、岳镇

海淀诸地祇、钟山之神、天寿山之神。东西配殿各十一间，祭祀京畿山川、都城隍以及十二月将。山川坛正殿为拜殿，拜殿东南为燎炉。正殿西侧为神厨、神库和宰牲亭，南为川井。正殿西南为先农坛，东为旗纛庙，东南为具服殿，具服殿南为耤田。明英宗天顺二年（1458）在内坛东门与先农门之间修建斋宫一所。

嘉靖帝即位后，在位期间最大的"政绩"是更改太祖朱元璋确定的各种礼制，也就是后世所谓"大礼议"。通过"大礼议"，嘉靖皇帝明确了自身统治的法理正统性、正确性，加强了皇权。最初，嘉靖帝为了提升亡父的政治地位，使其亡父能够入驻太庙，开启了礼制争辩。最终结果，经过三年反复辩论，不仅实现了初衷，而且修正了开国以来的祖宗定制，"厘正祀典"，借口是恢复周礼之制。嘉靖九年（1530），恢复明初的天地分祀，在正阳门外原大祀殿南修建圜丘坛，在安定门外修建方泽坛。对北京山川坛的改动，主要是在旗纛庙和斋宫之间修建神仓，又对山川坛正殿内合祀的众神祇进行调整，在山川坛内坛南修建神祇坛，将山川坛正殿内的天神风、云、雷、雨，地祇五岳、五镇、四海、四渎分别于神祇坛祭祀，并将山川坛正式更名为神祇坛。《明世宗实录》卷一一九详细记载了更名情况："嘉靖九年（1530）十一月，丙申，上谕礼部曰：南郊之东坛名天坛，北郊之坛名地坛，东郊之坛名朝日坛，西郊之坛名夕月坛，南郊之西坛名神祇坛。着载会典，勿得混称。"原山川坛管理机构耤田祠祭署，也同时更名为神祇坛祠祭署。但神祇坛这个名字仅存在了46年，在万历四年（1576）正式将神祇坛改为先农坛，直至今日。而神祇坛的祭祀活动也因为神祇已经在天坛与地坛作为从祀而祭祀，于隆庆元年（1567）终止国家祭祀。

清代是中国皇权专制的最后一个王朝，皇权专制制度达到顶峰。

清朝入主北京之后,没有尽毁前代宫殿和坛庙,在祭祀礼仪上也效仿明代。因为作为少数民族的统治者亟须以最快速度稳定在中原的统治秩序。在地祇祭祀制度上主要完善了祭祀礼仪,地祇祭祀分为遣官祭祀、皇帝巡至方岳祭祀、遣官至方岳祭祀三种。值得一提的是,虽然明代帝王亲祭地祇基本只有洪武帝、嘉靖帝,但是作为国家祭祀当中非常重要的组成部分,帝王亲祭地祇的仪程记载在诸多典籍当中。清代地祇祭祀虽仍然列在中祀行列,但清代帝王几乎从没到过先农坛亲祭地祇之神,通常都是遣官祭祀,而且皇帝祭祀地祇仪程在典籍当中也没有记载。

今天,天神坛已不复存在,仅剩下棂星门。地祇坛也仅遗下九座石龛及棂星门,石龛分供五岳、五镇、五山、四海、四渎、天下名山大川、京畿名山大川等地祇。2002年10月,北京古代建筑博物馆将这些石龛易地保护于太岁殿拜殿南侧的露天展区,我们也只能透过这些石龛来想象当时地祇祭祀的盛典了。

二十六、先农坛内排座次

陈媛鸣

北京先农坛的前身，是建于洪武二年（1369）的南京山川坛，因其一坛之内祭祀众多神祇，在当时常被称为"群神享祀所"或者"群祀坛"。

到永乐帝建成北京山川坛时，坛内祭祀神祇分别是太岁、四季月将、风云雷雨、岳镇海渎、钟山、天寿山、京都城隍、先农、旗纛，共15个神祇。如此众多的神祇共祀一处，身份却不尽相同，先农神炎帝神农氏为人神，太岁、四季月将、风云雷雨为天神，岳镇海渎、钟山、天寿山、城隍是地神，而旗纛神是坛内唯一的器物神。中国古人颇具实用主义的多神崇拜在这里被体现得淋漓尽致，这也形成了山川坛区别于其他皇家坛庙最大的特征。身份不同，自然待遇也不尽相同，即使是受人祭拜的神祇，也会被分出个三六九等。

先农坛，顾名思义，坛内排在首位的一定是先农之神，明清两代这里始终以祭拜先农炎帝神农氏为核心。朱元璋初创祭祀制度时，先农之神在金陵城外享有自己的专属坛域，后被纳入山川坛范围。当年先农之祭还被定为大祀，与天地祭祀同为最高等级。只可惜这辉煌的经历十分短暂，没过多久，先农之祭就被降为了中祀等级。直到万历四年（1576），这里被正式定名为先农坛，从名称上确立了先农在坛内众多神祇中的重要地位。清代天子到先农坛亲行耤田享先农礼高达98次，可以看出统治者对先农神确实青睐有加。

太岁之神，坐拥先农坛内坛规模最大的建筑群——太岁殿建筑群，包括太岁殿、拜殿、东西两庑，以及焚帛炉，其在坛内地位可见一斑。太岁之神在南京山川坛营建之初，和山川坛诸神共同在山川坛正殿中祭祀，太祖多次亲临山川坛正殿祭祀。太岁神居中，其他神祇分列两侧，享受中祀等级，朝廷遣官祭拜。到了嘉靖九年（1530），嘉靖帝调整坛庙祭祀礼制，将天神、地祇神请出山川坛正殿，把城隍之神请到城隍庙祭祀。此次调整后，太岁神待遇直线上升，独自供奉在正殿之中。太岁神相关配套制度也迅速跟上。山川坛正殿正式更名为太岁殿，在明间北墙为太岁之神添造青白石须弥座，放置木质红漆神龛一座，用于每逢祭祀时将存放于神厨正殿的太岁神牌请至神龛内。还专门为太岁神设立了祭祀乐。岁尾年初，由太常寺礼官代表国家到此祭拜。

虽然清代太岁祭祀制度十分完备，但却有制无行。太岁神原有的值岁功能不再祭拜，而是"沦落"为掌管雨雪旱涝的天神。乾隆时增订太岁坛上香之仪，将太岁神牌常奉于太岁殿神龛内，为其重新撰写祭祀乐词。并将祭祀时派遣太常寺堂官致祭，改为派遣亲王、郡王行礼，东西两庑派太常寺堂官致祭，以示重视。这一系列调整也算是为太岁之神找回了一些面子。

先农坛天圆地方，坛域范围内的最南侧，是建于嘉靖时期的神祇坛，天神坛、地祇坛一东一西分列两侧。明代继承前代以来对于自然万物有灵崇拜的传统，恢复唐宋之制，为天神、地祇设立坛所、祭祀乐舞，位列中祀。明初即在大祀坛配享天神、地祇诸神，后于大祀坛西侧营建山川坛，将天神、地祇神供奉在正殿之中。嘉靖帝为达到政治需要，调整各坛庙祭祀礼制。在山川坛内坛南侧辟建天神坛、地祇坛，把供奉于山川坛正殿的天神、地祇分别请到这两处祭祀（天神：风、云、雷、雨。地祇：岳镇海渎、五陵山、京畿名山、大川之神、天下名山、大川之神）。遵照古制，为神祇坛设立两道坛壝，设立棂星门。按照神祇属性，地祇坛设置瘗坎，天神坛设置焚帛炉。两坛分筑拜台，一南一北异向祭拜。更是将山川坛更名为神祇坛，此时天神、地祇之神的地位不言而喻。到了隆庆帝时，便以天神、地祇已经在地坛从祀为由，停止了神祇坛祭祀。明代神祇祭祀自此退出了先农坛诸神祭祀的舞台。

天神、地祇的祭拜直到清代才又迎来春天。清代沿袭隆庆前的祭祀制度，对地祇岳镇、海渎、五山做了新的调整，主要不同于五山所指：明代五陵山为基运山（祖陵）、翊圣山（皇陵）、神烈山（孝陵）、纯德山（显陵）、天寿山，清代为启运山（辽宁新宾县永陵）、天柱山（辽宁沈阳东陵）、隆业山（辽宁沈阳北陵）、昌瑞山（河北遵化县东陵）、永宁山（河北易县西陵）。清代对神祇坛的祭拜远多于明代，尤其是嘉庆、道光、咸丰三朝皇帝亲临祭祀，更体现出了对其的重视程度。天神、地祇，与太岁之神共同配合着先农之神，维护着统治者对于岁稔年丰的美好期许。

清乾隆十八年（1753），皇帝认为弓弩、炮石、号角、旗纛等神已于每年秋季在军校场致祭，没有必要在先农坛旗纛庙再祭一次。于是颁旨将此前一度闲置的先农坛旗纛庙撤销，将神仓移建于此，旗纛祭祀从此退出了先农坛。

虽然如此，旗纛神却是从明初期就入驻山川坛的老土著。明太祖为了军队出征前按规定要到山川坛正殿祭拜山川之神行礼方便，将原本独立的旗纛庙收编到山川坛内，更是亲祭旗纛军神。也许是身份性质与坛内其他神祇实在不同，旗纛神一直享受着独门独院的待遇。虽然规模并不是很大，但也包含了前后两进院落。后院祭器库五间，左右配房各五间，前院旗纛殿五间。不用与其他众神挤在同一屋檐下，也是十分特殊的待遇了。

二十七、太岁殿在民国的新用途

董绍鹏

大家都知道，北京先农坛的太岁殿，是明清时代祭祀中国古代自然神祇太岁神的国家祭祀场所，在清代，每年年尾年初，都要派遣太常寺官员代表国家进行祭奠。虽然根据记载那时的皇帝没有亲自举行过正规祭祀仪式，但太岁神在封建国家的祭祀神祇中仍然有着不可替代的重要地位，因此位列国家祭祀的中祀等级，有隆重的祭祀乐舞制度。

随着清代的结束，进入民国后，太岁殿也在一定时间内继续扮演着祭祀场所的角色，所不同的是，改为祭奠民国成立以来革命烈士的忠烈祠。

所谓忠烈祠，通常就是祭奠为国家或民族或一个政权奉献生命的烈士而建立的祭享场所，一般用于进行国家级祭享。先农坛的太岁殿，就是民国时期的忠烈祠，一直运行到抗战时期，才停止祭祀功能。

为什么太岁殿会变成新时期的祭奠场所呢？

原来，这还是窃国大盗袁世凯所为。袁世凯在北京就任中华民国大总统后，为了彰显对推翻清朝政权的革命党的敬重，于民国三年下令政事堂（相当于国务院）礼制馆编制忠烈祠祭祀礼，由徐

二十七、太岁殿在民国的新用途

世昌统领。按照规定，忠烈祠供奉国民革命先贤灵位，以黄花岗七十二烈士为核心，环以自民国以来革命烈士灵位。祭祀礼参照以往传统祭祀礼仪程序制定，以三献为核心内容，穿着专门制定的具有汉族传统的祭祀礼服，仪式隆重肃穆。

忠烈祠之匾，在原有太岁殿匾额基础上，铲除了原有满汉文太岁殿文字，重新以清室馆阁隶书字体书写"忠烈祠"三字，匾额地为蓝磁色，忠烈祠三字为金色。

按照规定，每年民国国庆日双十节，政府都要派员前来恭祀民国革命先贤，以为定例。但其后军阀混乱的岁月，能不能坚持成了未知数，忠烈祠内逐渐变成前清坛庙之用的陈列处，说是陈列，其实就是变相为库房式的堆放，比如天坛斋宫"钦若昊天"挂匾当时就陈列于此。

抗战开始后，忠烈祠的功能废止了。到了北平光复后，民国政府干脆将原有忠烈祠祭享功能迁至八宝山进行。从此，这里只剩下巍峨大殿房檐下高悬的忠烈祠木匾。

一直到新中国成立后的60年代初，先农坛太岁殿仍然被附近的人们称为忠烈祠。而忠烈祠木匾，毁于60年代的运动之中。此后，忠烈祠之名逐渐被世人淡忘。

二十八、历史上的最后一位京兆尹在先农坛

董绍鹏

说起首都的京官,那历史上有着故事的人不在少数。北京的京官,近现代史上倒是有一位不太出名,所有的经历生平中的人生高光时刻,可能都集中在下台前的那一小段时间里,但也不过是今日研究者眼中的一个历史符号而已。这位,就是北京历史上也是中国历史上最后一个京兆尹,他叫李升培。

谈起这京兆尹这个官名,它相当于今天的首都市长。京兆在古代时为三辅之一。秦代以内史掌治京师,汉武帝时分置左右内史,太初元年(前104)改右内史为京兆尹,分原右内史东半部为其辖区,因地属畿辅,故不称郡,职掌的权力相当于郡太守,参与朝议,治所在长安。三国魏时,辖区叫京兆郡,官名改称太守。西魏、北周、隋仍称郡,改太守为尹。唐开元初,改雍州为京兆尹,并增设少尹,以理府事。后代虽然没再设置,但习惯上仍旧称呼京师所在地行政长官为京兆尹。清代,划京师及附近30余县为顺天府,行政长官称顺天府尹。民国初年沿用清制,不过是把其辖区缩小为宛平县等20余县。1914年10月,改称京兆,其行政长官称京兆尹,颁布了《京兆尹官制》,设立京兆尹公署,京兆的地位与省同。1928年,废《京兆尹官制》。

二十八、历史上的最后一位京兆尹在先农坛

再说说这位历史上最后一位京兆尹李升培。

李升培,浙江吴兴人,民国初年于北洋政府内供职。北伐时期,北京政局先后由阎锡山、张作霖把持,李升培这一时期青云直上。1927—1928 年,任张作霖军政府国务院内务部礼俗司司长,就在北京将要归入南京政府的前夕,李升培成为京兆尹。军阀政府将先农坛所处的城南公园划由坛庙事务所、内务部礼俗司进行自下而上的垂直管理。当时,军阀政府内务部长沈瑞麟和礼俗司司长李升培因是同乡又是亲戚,关系甚好,沈、李二人因公因私常到先农坛。1927 年夏,张作霖政府内务部命城南公园将先农坛具服殿更换匾额,改悬"诵豳堂"匾,以志纪念古人重农从本的思想。沈瑞麟因观看昔日天子亲耕稼穑之处,不禁感慨万千,为了彰显他本人对重农古训的尊重,挥毫亲题"诵豳堂"匾一方,并亲题堂内抱柱联一副,联题:民生在勤、务滋稼穑,国有兴立、庇其本根。李升培这个时期也是尽职尽责,不仅组织编写了《天坛纪略》,也编写了《先农坛古迹纪略》,虽文字廖廖,却是民国时期唯一的一部官方专述。

李升培成为中国历史上最后一位官称"京兆尹"的官员,沈瑞麟和李升培也是民国时期少有的莅临先农坛的国家官员。

沈瑞麟(1874—?),字砚裔,浙江吴兴人,举人出身。1902 年任驻比利时公使馆随员。1908 年代理驻德公使馆二等参赞,兼任万国保护文艺美术版权公会会员。1909 年内调清政府外务部,任参事上行走。1910 年任驻奥地利公使。1912 年南京临时政府成立后,仍任驻奥地利公使。1917 年 8 月,北京政府对奥地利宣战时回国。1918 年 8 月至 1920 年 9 月,任和约研究会副会长。1921 年任华盛顿会议中国代表团顾问。1922 年 1 月,任外交部次长,并兼任外交委员会会长,7 月代理部务。1923 年 3 月,派为蒙疆善后委员会委

员。1925年2月升任外交部总长,兼任关税特别会议委员会委员长。1927年6月任内务部总长。1928年督办京都市政事宜。次年随张作霖退往关外,任中东铁路理事,东北边防军司令长官公署参议。后投伪满政府,1932年任伪满北满铁路首席理事,伪满宫内府大臣,1935年任伪满参议府参议,祭祀府副总裁。

大汉奸一枚。

二十九、明代天子祭祀先农坛的趣事

李 莹

历代封建统治者都十分重视国家祀典。明太祖朱元璋在建明之初，就重作礼乐，命人修纂《大明集礼》，制定了包括祭农礼仪在内的国家祭祀典仪仪程，以彰显自己作为汉人传承汉家天道的正义性和正统性。

明初，祭祀先农礼仪被列为大祀，其中耕耤礼是典礼的重要组成部分，皇帝身体力行为天下做表率，这是他们重视农业生产的体现。《明会典》中记载：

洪武二年定

皇帝祀先农毕，太常卿奏："请诣耕耤位。"皇帝至位南向立，三公以下及应从耕者各就耕位。户部尚书北面进耒耜，太常卿导引，皇帝秉耒三推，户部尚书跪受耒。太常卿奏："请复位。"南面坐，三公五推，尚书九推，各退就位。太常卿奏："礼毕。"太常卿导引皇上还大次，应天府尹及上元、江宁两县令率庶人终亩。是日，宴劳百官，耆老宿于坛所。

洪武二十一年（1388），祭先农礼仪由大祀改为中祀，但是耕

耤礼并未受到影响。永乐、弘治、嘉靖三帝又陆续对耕耤礼进行部分调整，嘉靖皇帝后至明代灭亡，祭祀先农礼仪再无较大变更。经过更定后的耕耤礼主要有两大变化。第一，永乐时期，在三公九卿推毕后，增加了教坊司表演。永乐时期，教坊司表演用大乐、百戏，跪奏致语。此后，教坊司表演内容不断增多，至嘉靖时，教坊司表演包括大乐队舞、村田乐、杂戏跪奏致语。民间常见的艺术形式，在永乐时期已经出现在了国家祀典之中，并呈现出逐渐增多的趋势。第二，洪武时期，皇帝在临时搭建的大帐篷"大次"中赐酒，永乐、弘治时期则在具服殿中举行庆贺典礼，嘉靖皇帝时期则改在当时的斋宫"庆成宫"中举办。

相对于清代祭祀先农礼仪的庄严隆重，明代亲耕享先农礼仪则更加民俗化。在《国朝典汇》中就记载了一段明宪宗行耕耤礼的情景：成化元年（1465）二月，明宪宗率百官至先农坛行耕耤礼。一切准备就绪后，皇帝至耕耤位，户部尚书马昂手捧青箱，耆老农夫二人牵牛，二人扶犁。教坊乐工手执彩旗，站在田垄两边唱歌，一唱百和。皇帝就在众人的摇旗歌唱中完成了亲耕礼仪。教坊司还用"田家故事"作为表演内容。

出现这一情况，虽然与皇帝企图通过耕耤礼达到与民同享、与民同乐的政治目的有关，但是更多地反映出明代国家祭祀体系中，太常寺地位下降，教坊司职能扩大，在国家祭祀礼仪中存在俗曲礼用的现象。

太常寺是封建社会中掌管礼乐的最高行政机关，秦署奉常，汉改太常，并一直延续至清。明代太常寺设置于吴元年（1367）七月，而教坊司则设立于明吴元年（1367）十二月，稍晚于太常寺，二者同属于礼部。《明史·职官志》记载："太常掌祭祀礼乐之事，总其

二十九、明代天子祭祀先农坛的趣事

官署，籍其政令，以听于礼部"，教坊司"掌乐舞承应，以乐户充之，隶礼部"。此外，明洪武二十八年（1395）还设有钟鼓司，"掌管朝钟鼓，及内乐、传奇、过锦、打稻诸杂戏"，属于内廷。明代外朝太常寺和教坊司权属十分明确，《续文献通考》中有明确记载："其雅乐备八音、五声、十二律、九奏、万舞之节，俗乐有百戏承应、队舞承应、讴歌承应。祭祀用雅乐，太常领之；宴享朝会兼用俗乐，领于伶人。"教坊司既承担礼乐的工作，也有俗乐的内容。和钟鼓司相比，虽然都有俗乐的表演活动，但是钟鼓司的娱乐性更强。明代，虽然教坊司与太常寺同属于礼部，但是教坊司在国家祭祀活动中的重要性逐渐取代了太常寺。教坊司的乐户大利多来自民间，武宗时期，大量民间艺人入宫，为教坊司俗乐的发展提供了更大的机遇。后来，内廷的钟鼓司职能也不断扩大，在一定程度上也影响到了国家祭祀礼乐制度。

在国家祀典中加入像村田乐、杂剧等俗曲的成分，也与明代皇帝喜爱杂剧有很大关系，在一定程度上是他们主观意愿的表现。明代皇帝喜欢杂剧，明成祖朱元璋在位时，就曾经召集元末教坊旧人入宫演出。明武宗在位时，还让艺人应召入宫。作为为皇帝服务的教坊司自然会迎合皇帝的喜好，发展俗乐，最终将俗乐融入国家祀典之中。这种做法也激起了当时不少儒臣的不满。《国朝典汇》中就记载，弘治元年（1488），教坊司就因为"以杂剧承应，或出狎语"，而遭到了都御史马文升的严厉斥责。虽然嘉靖十年（1531）时，对国家典礼做出了明确约束和规定，嘉靖帝直到驾崩时已经很少再亲自行礼，却对西苑田地秋收时在无逸殿中举行打稻戏十分热衷。甚至崇祯帝时期，科道官沈讯还曾因教坊承应歌词俚俗，上书皇帝请求改正。

作为当时的最高统治者,明代天子们对于俗曲在祭祀典礼中频繁出现并没有采取很严格的管理措施,一定程度上造成了作为国家祀典的祭农礼仪在明代时缺乏清代那样的庄重,而是呈现出一片田间地头的热闹景象。

三十、先农坛的军神

温思琦

当你走进北京先农坛时，会发现在太岁殿东侧有一组建筑群，它就是神仓建筑群，但是在清乾隆之前，这里却是另一座庙宇，是国家专门祭祀刀枪、弓弩、炮铳、军旗、号角等军事用品"旗纛（dào）之神"的旗纛庙。为什么这神仓建筑群会占了旗纛庙的位置呢？如今这旗纛庙还有没有呢？大家别急，想知道这旗纛庙现在在哪里，那得先从明朝开国皇帝朱元璋说起。

话说太祖皇帝建立明王朝初期，那可是历经了元代百年的统治和战乱，百废待兴，太祖皇帝急需恢复汉族的正统地位，最好也最快的方式就是效仿唐宋制定各种礼仪制度。最初京师的旗纛庙在南京五军都督府后的阅武场，即在今南京明故宫遗址附近。洪武九年（1376），在南京城南郊修建了山川坛，祭祀先农、太岁、风云雷雨、岳镇海渎、钟山之神，旗纛庙也改建在山川坛东侧。永乐帝营建北京城时，"悉仿南京旧制"，将旗纛庙原封不动地在北京城南郊山川坛东侧进行了克隆。

为什么封建统治者要专门修建一座旗纛庙来祭祀旗纛之神呢？

远古时代，人们认为"万物有灵"，这些神灵关系着自身的生老病死、旦夕祸福，因此他们不仅要崇拜天上的日月星辰、自然界的山川、草木花卉、风云雷雨，对人类自己创造的工具、武器等也要崇拜。因此中华大地神灵众多，而且各个神灵各管一摊，各司其职。

古人认为"兵戎者，国家存亡之所系"，而不敢轻视其事，因此古人祭祀旗纛之神这件事也就不难理解了。成书在汉代的《礼记·祭统》开篇说道："凡治人之道，莫急于礼，礼有五经，莫重于祭。"什么意思呢？就是说统治者在治理百姓时最为重要的手段就是礼了，礼共分为五种，分别为吉礼、凶礼、宾礼、军礼、嘉礼，而其中没有比吉礼更为重要的了。《左传》当中也提到国家大事在祀与戎，其中祀与戎不是简单的指祭祀和军队，而是指五礼当中的吉礼与军礼。而旗纛之祭就属于军礼中一个非常重要的组成部分。

说了这么多，那旗纛到底本义指的什么呢？在中国历史上，最重视旗纛祭祀的时期当数明朝了。在《明史》当中对旗纛的含义有明确的解释："军行，旗纛所当祭者，旗谓牙旗。黄帝出军诀曰：'牙旗者，将军之精，一军之形侯。凡始竖牙，必祭以刚日。'纛，谓旗头也。"古代，天子或将军出征，都会在军营前竖立一面旗帜，旗杆上饰有象牙，因此得名牙旗。纛就是古代军旗之首。简言之，旗纛其实就是古代军队里不同形制的旗帜，而祭祀旗纛之神的主要目的就是壮大军威，并且祈盼战争胜利。

明清作为最后两个封建王朝，其国家祭祀也达到巅峰。前面已经说了，明朝初定之时，即在南京城南郊修建山川坛。山川坛正殿七间，祭祀太岁、风、云、雷、雨、五岳、五镇、四海、四渎、钟山之神；东、西庑殿各十五间，分别祭祀京畿山川、春夏秋冬四季月将及都城隍神。正殿西南是先农坛、东有旗纛庙，南有耤田。旗纛之神原本是与太岁诸神合祭于城南山川坛正殿之内。但是在洪武

三十、先农坛的军神

九年（1376），另建旗纛庙于山川坛东侧，用来专门祭祀旗纛之神。旗纛庙坐北朝南，自成院落，南有大门三间，东侧设燎炉一座，北有旗纛殿一座。明初旗纛庙之祭，还在唐宋原本祭祀的旗头大将之外，增加了六纛大将、五方旗神、主宰战船正神、金鼓角铳炮之神、弓弩飞矰飞石之神、阵前阵后神祇五昌等众，用以期望各种武器之神和其他各种战神一起庇佑明朝军队战无不胜、攻无不克。为了显示对旗纛之神的敬重，洪武初年还规定要在每月初一和十五日都要祭祀旗纛，一年下来需要祭祀高达24次，由于过于频繁，对中央及地方，无论是财力，还是人力，都造成了很大负担。因此，洪武三年（1370）就以"礼烦而渎，非所以示诚"的缘由，而被朝廷简化成了一年二次祭祀，即在每年仲秋之日在旗纛庙内祭祀，霜降之日在教场内祭祀。

旗纛庙作为专祭旗纛诸神的庙宇，受到明代皇帝的重视，而且旗纛祭祀还从中央发展到了地方，成为由中央强制推行的祭祀之一，各个地方开始普遍设置旗纛庙。旗纛庙的普遍设置，使得明代的旗纛祭祀有了固定的场所与祭祀日期，还有了固定的神灵与崇拜人群，并且成为中国古代史上军事祭祀的最高峰。

明成祖迁都北京后，于永乐十八年（1420）仿南京旧制，在北京城南郊修建山川坛。

永乐时期，在原有祭祀的旗纛之神基础上又增加了火雷之神，但是火雷之神并不在旗纛庙中祭祀，而是每月初一和十五由神机营提督于教场内祭祀。

旗纛庙祭祀由斋戒、省牲、祭礼三大部分组成。祭祀前一日，皇帝出宫，至"大次"斋戒，当天至省牲位省牲，另有人陈设神位

与祭祀用品。祭祀当天清晨,皇帝至旗纛庙,祭祀整个仪程由正祭、迎神、奠币、行初献礼、亚献、终献、饮福、彻豆、送神、望燎组成。

旗纛祭祀牺牲用太牢,太牢就是豕(小猪)、牛、羊三牲。祭祀完毕,又设酒六器于地,杀雄鸡六,沥血衅旗纛,币俱以黑。祭祀旗纛之神时,祭器用笾和豆各八,簠、簋、登各一。簋中盛放黍(黄米)和稷(小米),簠中盛放稻(大米)和粱(高粱米),笾中盛放石盐(食盐)、鱼鱐(鱼干)、枣、栗、榛、菱、芡、鹿脯。豆中盛放韭菹(腌韭菜)、鸠醢(肉酱)、菁菹(腌韭菜花)、鹿醢(鹿肉酱)、芹菹(腌芹菜)、兔醢(兔肉酱)、笋菹(腌笋)、鱼醢(鱼肉酱)。酒尊有三,分别是牺尊、象尊和山罍。其中牺尊内盛以醴齐(甜酒),象尊内盛以沈齐(清酒),山罍内盛以事酒(冬酿春成的新酒)。

洪武初年,朱元璋多亲自祭祀,洪武中后期则多派遣官员代祭,永乐以后则大多遣官代祭。

明朝自洪武开基严肃各种礼仪制度,其后的帝王也一如既往遵循祖制。但是待到嘉靖帝登基后,情况却发生了翻天覆地的变化。众所周知,嘉靖皇帝是以藩王身份承继大统的,为了集权立威,嘉靖帝对国家祭祀制度进行了彻底改革。其中最重要的一条就是"天地分祀"。将天地坛改为天坛,在北郊安定门外另建地坛,而将原来在天地坛内作为从祀的山川风云等诸自然神祇迁至山川坛内,并在山川坛内坛南垣外增建天神、地祇两坛,在增建天神地祇坛的同时,神仓也随之一并创建。其具体位置就在旗纛庙以东,与内坛东墙之间的空地上。

三十、先农坛的军神

待到清代，虽然旗纛祭祀在清代的军礼中仍占有一席之地，军事性的祭祀都要陈列旗纛。但是清代军礼中的旗纛已与明代旗纛八神意义完全不同，多数情况下只是作为不同军队军威的象征。

世祖皇帝入关后，旗纛祭祀开始行望祭之礼。

康熙皇帝亲征噶尔丹凯旋，第二日在安定门外致祭随营旗纛。

雍正年间，规定旗纛皆庋内府，祭则设立。

乾隆皇帝征金川时，曾于长安门外祭祀旗纛。

清代祭祀旗纛不在旗纛庙内，通常是在军校场内，因此北京先农坛的旗纛庙就被闲置了。

到乾隆十八年（1753），高宗皇帝认为弓弩、炮石、号角、旗纛等神已经在每年秋季在军校场致祭，没有必要还在先农坛旗纛庙再祭祀一次，而且这座旗纛庙还是前朝修建的，因此颁旨将先农坛旧有旗纛殿撤去，并将现在的神仓移建到旗纛庙。至此，这座专门祭祀军神的旗纛庙彻底从先农坛内消失了。不过，根据《大清五朝会典》中雍正和乾隆时期先农坛图的对比，可以看出乾隆时期拆除的只是旗纛庙的第一进院，也就是拆去前院的旗殿和燎炉，而后院的建筑并未发生变化。东侧的神仓整体平移过来，格局也未变化。而原旗纛庙的后院也改建成为祭器库，专门用来存放皇帝举行亲耕礼时所用的农具了。翻阅清代乾隆时期以前的典籍，我们还可以看到在旗纛庙北部画有一根旗杆，古代天子或将军出征，都会在军营前竖立一面旗帜，旗杆上饰有象牙。但是这根旗杆如今也已不存。《钦定大清会典则例》卷一百二十六记载："神仓中圆廪一座，收谷亭一座，左右仓前后各三间，垣一重，门三间，南向。旗纛殿五间，南向。后为祭器库，五间。左右庑各五间，垣一重，门三间，南向。

北门外东北隅旗杆一(今撤去)"。这里引用的《钦定大清会典则例》一书,成书于清乾隆年间,由此我们可以推断,旗杆在乾隆时期就被彻底拆除了,原因应是乾隆时期将神仓移建到旗纛庙,旗纛庙既已无存,旗纛庙的附属旗杆也就是失去了本来作用,拆除也就是必然了。

今天,我们也只能从各种典籍当中窥探旗纛庙曾经拥有的辉煌了。

三十一、先农坛内的红色印记

李 莹

作为北京中轴线上一组重要的建筑群，先农坛从建成起就有带有浓厚的皇家韵味。清王朝灭亡后，往昔庄严的先农坛古建筑群走下了高高的神坛，成为市民共享的场所。这里除了被开辟为公园供人们游览外，民国时还开辟了体育场，为公众体育锻炼提供了广阔的天地。新中国成立前夕，先农坛体育场发生的一次重大的盛典，也为先农坛古建筑增添了一抹浓重的红色印记。

这到底是怎么回事儿呢？

这还得先从民国时期的华北运动会说起。

华北运动会，是民国时期华北地区人们举办的重要区域性运动盛会。首届华北运动会于1913年5月在北京举行，后来逐渐在华北各地轮流举办。在运动会的带动下，许多地方都建造了大型公共体育场。尽管北京作为第一届华北运动会的举办地，但是在此后的20余年间，北京并没有一座大型公共体育场可以承接如此盛大的赛事。直到1934年，时任北平市市长袁良在先农坛东坛（庆成宫以南）进行勘察后，决定在此修建北平公共体育场。

由于当时民国政府经费不足等原因，先农坛体育场的建造几经曲折，于1936年正式奠基，1937年正式开工建设。因为卢沟桥事

变爆发，北平沦陷，先农坛体育场建成后利用率并不高。

1949年，北平和平解放，先农坛体育场也获得了新生。它也是当时北京唯一一座大型公共体育场。

1949年7月1日，是中国共产党成立28周年的纪念日，也是北平和平解放后第一次公开纪念、庆祝中国共产党的生日。在何处举办这场纪念盛会？以当时的条件，先农坛体育场首推其冲。于是，先农坛体育场十分荣幸地成为中国共产党成立28周年纪念大会的举办地。

1949年7月1日晚上，来参加纪念大会的人们从四面八方赶来，一时间先农坛体育场人山人海、盛况空前。

毛泽东、朱德、周恩来、李济深、沈钧儒、何香凝、张澜、罗隆基、谭平山、蔡廷锴、章乃器、章伯钧、李达、陈其尤、郭沫若、茅盾等同各界代表3万余人出席了纪念大会。朱德总司令、茅盾、董必武以及时任北京市委书记的彭真、沈钧儒、郭沫若都分别在纪念大会上发表讲话。会上，毛主席还带领与会人员高呼："全国人民团结起来！""打倒国民党反动派！""召开新的政治协商会议！""成立中国人民民主共和国！""中国共产党万岁！"……嘹亮激昂的口号声回荡在先农坛体育场上空，久久未能散去，纪念大会的气氛也伴随着嘹亮的口号声推向了高潮。

纪念大会结束后，又举行了热烈的庆祝晚会。来自解放区的文工团体进行了精彩的表演，伴随着欢快的歌舞，与会的各界人士也尽情地欢唱。庆祝晚会一直持续到午夜才落下帷幕。

先农坛体育场见证了中国共产党的发展壮大，在中国共产党的发展历史中留下了重要的印迹，古老的先农坛也因此开启了新的发展篇章。

三十二、为什么先农坛内坛四个坛门都不是对齐的呢?

李 莹

1368年,朱元璋在金陵称帝,改元洪武,是为明太祖。

明朝的建立,结束了蒙古族在中原地区百余年的统治。朱元璋在建立政权的过程中,曾经认真总结蒙古政权覆灭的原因,认为蒙古族统治者缺少严格的礼仪制度是一个重要原因,致使元后期"主荒臣专,威服下移,由是法度不行,人心涣散,遂至天下大乱"。早在吴王时期,朱元璋就已经深知礼仪的重要性,他曾对徐达等人说:"建国之初,先正纲纪,纲纪先礼。"

同时,在经过蒙古人百余年的统治后,此时的汉人渴望回归汉家正统的迫切性十分强烈。朱元璋登基后,顺应恢复汉法的民意,在总结元政权覆灭的同时,为了巩固和加强自己的政权、促进社会的稳定,立即对以往的制度进行厘清和革除,极力恢复唐宋时期的礼仪典章,希望以此来彰显其汉族天子政权的正统性和天道承继性。

但是,洪武初期,国家尚未统一,战争仍在继续,民生疾苦,经济凋敝,百废待兴,各项制度的建设都处于草创阶段。这种情况下,礼仪制度制定得仓促,在严密性和可操作性上有所欠缺。在此后的实际操作中，我们也可以看出，明初的礼仪制度经历了较大的变动。经过一段时期的实行，洪武中期时明朝礼仪制度相对稳定下来。

此外，建国之初，将何地确定为自己王朝的首都，也让这位身经百战的帝王辗转反侧。在朱元璋登基之后，洪武元年（1368）八月，明太祖朱元璋下诏，决定"以金陵为南京，大梁为北京，朕于春秋往来巡守"，金陵即今天的南京，大梁为当时的汴梁，即今天的开封。洪武二年（1369）又下诏，在他的家乡凤阳营建中都。在洪武皇帝营建中都的时候，对南京城的营建规模并不是很大。但是，朱元璋的"两京一都"理念因种种原因最终未能实现，随着洪武八年（1375）朱元璋罢建中都，南京城才迎来大规模的建设。选址上的摇摆不定使得洪武初年南京的建造显得混乱，这也在很大程度上影响了南京的坛庙建筑布局。

那么，在明代礼仪制度不断完善以及南京城坛庙建筑反复规划建设的过程中，作为多组不同功能集中在同一区域的山川坛又经历了怎样的发展变化呢？关于明初南京城的建设，史书记载不多，我们仅能从为数不多的记载中进行简单的梳理。

洪武初年，太岁、风云雷雨、岳镇海渎、山川、城隍诸神合祀于南京城南诸神享祀之所，既非专祀，又屋而不坛。朱元璋认为非隆敬神祇之道，于洪武二年命令礼官考古制，设立专祀之所。经过考察，礼官认为宜以太岁风云雷雨诸天神合为一坛，岳镇海渎及天下山川城隍诸地祇合为一坛，春秋专祀。朱元璋采纳了礼官的建议，于洪武二年在城南建造天神地祇二坛。

洪武二年二月，在山川坛西南建造先农坛。

洪武三年，又将天神地祇二坛合二为一，增设四季月将旗纛诸

三十二、为什么先农坛内坛四个坛门都不是对齐的呢？

神，共设十九坛，太岁四季月将第一，风云雷雨次之，岳镇、海渎、城隍诸神又次之，总名之曰山川坛。

经过洪武二年至三年间的建造，南京的山川坛格局初步定型。"国初，建山川坛于天地坛之西，正殿七间，祭太岁、风云雷雨、五岳五镇、四海四渎、钟山之神，东西庑各十五间，分祭京畿山川、春夏秋冬四月将及都城隍之神，坛西南有先农坛，东有旗纛庙，南有耤田一所。"

此后，朱元璋在洪武九年复定山川坛制，将原来的十九坛改为十三坛；洪武二十一年，停十三坛春祭，命礼部更定山川坛仪。对山川坛的建置格局并未发现有较大的改动。

梳理了明代南京山川坛的建造过程，我们不难发现，同天坛、社稷坛等同时期形成的皇家祭祀建筑相比，明代南京山川坛祭祀神灵众多，且没有突出的主要祭祀神灵，坛内建筑布局没有一条明显的轴线，四面坛门呈现不对称形式，推测这是由于明初朱元璋对山川坛建筑没有成熟规划造成的，先农坛不对称的坛门设置同皇帝在坛内的祭祀活动有很大关系。北天门位于山川坛北墙偏东，两边分别为旗纛庙和山川坛，东天门位于东坛墙偏南，方便皇帝在此区域举行亲耕享先农典礼。

永乐时期，明成祖朱棣迁都北京，北京城的规划悉仿南京旧制，于是，坛门不对称的山川坛也在北京中轴线南端西侧落地生根，并最终发展成为我们今天的北京先农坛古建筑群。